2015年改訂対応
完全図解
ISO 14001の基礎知識150

オーエス総合技術研究所
大浜庄司 著

日刊工業新聞社

はしがき

　本書は、ISO14001規格の環境マネジメントシステムの基礎知識について、1テーマ1ページに区分して、図と絵を融合させた**完全図解**により体系的に解説した「**ISO14001の入門書**」です。
　本書の内容は
(1) 環境マネジメントシステムの基本と、その取り組みによるメリットを示してあります。
(2) 国際標準化機構（ISO）と、そこで制定されるISO14000シリーズ規格を構成する組織評価規格、製品評価規格、用語規格について、それぞれの規格の概要を説明してあります。
(3) すべてのISO関連のマネジメントシステム規格に適用される「附属書SL」について説明してあります。
(4) ISO14001規格の要求事項について、逐条ごとに細分化して表題を付し、その意味するところを関連する事項とともに、詳細に、そしてやさしく解説してあります。
(5) 認定・認証制度について、構成する各機関の役割を含め説明してあります。
(6) ISO14001規格に基づく環境マネジメントシステムの導入から構築、認証取得までの手順を順序だてて説明してあります。
(7) 内部監査について、監査プログラムの策定から、監査の開始、完了までの手順を、わかりやすく説明してあります。

　このように、本書は環境マネジメントシステムに関する基礎知識について、容易にご理解いただけるように工夫してありますので、次のような方にお奨めいたします。
・自組織で認証を取得・運用することになった担当者、主任、係長、課長、部長、経営者
・自組織で既に認証を取得・運用している推進者、事務局の担当者
・組織内でのISO関連教育テキストとして使用したい方
・指導組織の教育テキストとして使用したいコンサルタントの方

　このような方にご使用いただければ、きっとご満足いただけるものと思います。
　また、姉妹書「2015年改訂対応 完全図解ISO9001の基礎知識140」もお奨めいたします。
　本書を活用することにより、ISO14001規格の理解を深め、自組織の環境マネジメントシステムを構築、運用し、環境パフォーマンスの向上が図られるならば筆者の最も喜びとするところです。

◀ 2015年版改訂について ▶

　今回のISO14001-2015規格は「附属書SL」に基づいた、箇条タイトルとその順序の適用により、全く新しい構成になっています。
　また、ISO14001-2015規格は、環境保護の概念拡大、環境パフォーマンスの重視、順守義務のマネジメント強化、リスク及び機会の概念導入、経営者のリーダーシップ・責任強化、組織の状況の理解、事業プロセスへの環境マネジメントシステムの統合などの事項を重視し改訂されています。
　そこで、本書は、これら規格の改訂の趣旨に沿って、その要求事項をより分かりやすく解説し、ご理解していただけるように心がけました。

オーエス総合技術研究所　所長　主任審査員　大浜庄司

目次

はしがき ……………………………………… 1

第1章 環境マネジメントシステムの基本を知る …………… 7

1-1 環境とはどういうことか ……………… 8
1-2 環境は自然の循環（回復力）により継続する ………………………………… 9
1-3 環境マネジメントシステムを知る …… 10
1-4 環境マネジメントシステムには五つの原則がある ……………………… 11
1-5 環境マネジメントシステムはPDCAで管理する …………………………………… 12

第2章 環境マネジメントシステムがもたらすメリット …………… 13

2-1 環境マネジメントシステム構築・運用のメリット …………………………………… 14
2-2 組織に求められる環境経営の必要性 …… 15
2-3 環境マネジメントシステムの経営面のメリット …………………………………… 16
2-4 地球環境問題〔1〕 …………………… 17
2-5 地球環境問題〔2〕 …………………… 18

第3章 ISOでISO14000シリーズ規格が制定される …………………… 19

3-1 ISOとは国際標準化機構をいう ……… 20
3-2 ISO14000シリーズ規格はTC207で制定する ……………………………………… 21
3-3 ISO規格は七段階を経て制定される …… 22

第4章 ISO14000シリーズ規格の基礎知識 … 23

4-1 ISO14000シリーズ規格の特徴を知る …… 24
4-2 ISO14000シリーズ規格の体系を知る …… 25
4-3 ISO14000シリーズ規格の構成を知る …… 26
4-4 ISO14001規格は認証／登録の基準である …………………………………………… 27
4-5 ISO14004規格はシステム構築の手引書である …………………………………………… 28
4-6 ISO19011規格は監査の手引書である …… 29
4-7 製品評価として環境ラベル及び宣言の規格がある ……………………………… 30
4-8 製品評価としてライフサイクルアセスメント規格がある ……………………………… 31
4-9 ISO14050規格は環境関連用語の定義を示す ……………………………………………… 32

第5章 ISO14001規格は附属書SLが適用されている …………………… 33

5-1 「附属書SL」が作成された背景を知る …… 34
5-2 マネジメントシステム規格は「附属書SL」に基づき作成する ……………………… 35
5-3 「附属書SL」はどのような構成になっているか …………………………………… 36
5-4 「附属書SL」の「上位構造」と「共通テキスト」の構成 ……………………… 37
5-5 附属書SLに規定されている共通用語・定義 ……………………………… 38

第6章 ISO14001規格の要求事項の解釈を知る …………………… 39

6-1 ISO14001：2015規格 環境マネジメントシステム ―要求事項及び利用の手引 ……… 40
6-2 ISO14001：2015規格の構造を知る …… 41
6-3 0 序文 0.1背景 ……………………… 42
6-4 0.2 環境マネジメントシステムの狙い
環境保護と変化する環境状態への枠組みを提供する ……………………………………… 43
6-5 0.3 成功のための要因
成功はトップマネジメントが主導する …… 44
6-6 0.4 Plan-Do-Check-Act モデル
ISO14001規格はPDCAモデルに基づき構成されている ……………………………………… 45

6-7	0.5 この規格の内容 ISO14001規格は「附属書SL」を適用している ………46	6-27	6.1.3 順守義務 環境側面に関する順守義務を決定する …………66
6-8	1 適用範囲 環境マネジメントシステムの要求事項を規定する …47	6-28	"順守義務"に関する該当する要求事項 —箇条6.1.3"順守義務"を除く— ………………67
6-9	2 引用規格 —この規格には引用規格はない 3 用語及び定義 —その1— …………48	6-29	6.1.4 取組みの計画策定 取組み・その方法の計画を策定する …………68
6-10	3 用語及び定義 —その2— 用語の定義の例 ………………………49	6-30	6.2 環境目標及びそれを達成するための 計画策定 6.2.1 環境目標を確立する ………………69
6-11	4 組織の状況 4.1 組織及びその状況の理解 ………50	6-31	6.2.2 環境目標を達成するための取組み の計画策定 環境目標達成計画時に決定する事項 …………70
6-12	4.2 利害関係者のニーズ及び期待の理解 利害関係者と順守義務を含むニーズ・期待を 決定する ………………………………51	6-32	7 支援 7.1 資源 ………………………………71
6-13	4.3 環境マネジメントシステムの適用範囲 の決定 —その1—適用範囲を決定する ……52	6-33	7.2 力量 —その1— 組織は管理下にある人々の力量を決定する ………72
6-14	4.3 環境マネジメントシステムの適用範囲 の決定 —その2— 適用範囲決定の考慮事項 ………………53	6-34	7.2 力量 —その2— 力量を得た処置の有効性を評価する …………73
6-15	4.4 環境マネジメントシステム 環境マネジメントシステムの基本要求事項 ………54	6-35	7.3 認識 組織は管理下にある人々に認識をもたせる ………74
6-16	5 リーダーシップ 5.1 リーダーシップ及びコミットメント —その1— 55	6-36	7.4 コミュニケーション 7.4.1 一般 ………………………………75
6-17	5.1 リーダーシップ及びコミットメント —その2—トップマネジメントの実証事項 ………56	6-37	7.4.2 内部コミュニケーション 7.4.3 外部コミュニケーション ……………76
6-18	5.2 環境方針 —その1— 環境方針はトップマネジメントが定める …………57	6-38	"コミュニケーション"に関する該当要求 事項 —箇条7「支援」を除く— ………………………77
6-19	5.2 環境方針 —その2— 環境方針の内容に求められている事項 …………58	6-39	7.5 文書化した情報 7.5.1 一般 ………………………………78
6-20	5.3 組織の役割、責任及び権限 責任及び権限を割り当てる ………………59	6-40	7.5.2 作成及び更新 文書化した情報の作成・更新時に実施すべき事項 …79
6-21	6 計画 6.1 リスク及び機会への取組み 6.1.1 一般 —その1— ………………60	6-41	7.5.3 文書化した情報の管理 —その1— 文書化した情報の利用及び保護 ………………80
6-22	6.1.1 一般 —その2— "リスク及び機会"取組みの目的 ………………61	6-42	7.5.3 文書化した情報の管理 —その2— 文書化した情報の管理の仕方 …………………81
6-23	6.1.1 一般 —その3— "リスク及び機会"を決定する ……………………62	6-43	"文書化した情報"に関する該当要求事項 —箇条7.5"文書化した情報"を除く— …………82
6-24	6.1.2 環境側面 —その1— 環境側面を決定する ……………………63	6-44	8 運用 8.1 運用の計画及び管理 —その1— …………83
6-25	6.1.2 環境側面 —その2— 著しい環境側面を決定する ……………64	6-45	8.1 運用の計画及び管理 —その2— ライフサイクルの視点で環境側面を管理する ……84
6-26	6.1.2 環境側面 —その3— 著しい環境側面評価基準を設定する ……65	6-46	8.2 緊急事態への準備及び対応 —その1— 緊急事態への準備・対応のプロセスを確立する …85

6-47	8.2 緊急事態への準備及び対応 —その2— 緊急事態への準備・対応の実施事項 …………86	**第7章 知っておきたい認定・認証制度** … 105	
6-48	9 パフォーマンス評価 9.1 監視、測定、分析及び評価 9.1.1 一般 —その1— ………………87	7-1	認定・認証制度における機関の役割 … 106
6-49	9.1.1 一般 —その2— 監視、測定、分析及び評価の決定事項 ………88	7-2	認定・認証制度の体系を知る ………… 107
		7-3	認証機関が組織を審査する ………… 108
6-50	9.1.1 一般 —その3—校正・検証された 監視機器・測定機器を使用する …………89	7-4	認証機関は認定範囲のみ審査できる … 109
		7-5	認証機関を選定する ………………… 110
6-51	9.1.2 順守評価 —その1— 順守評価のプロセスを確立する ……………90	7-6	認証機関への申請から 認証／登録までの手順 ……………… 111
6-52	9.1.2 順守評価 —その2— 順守評価の実施すべき事項 ………………91	7-7	認証機関の審査は認証／登録後も 継続する ……………………………… 112
6-53	9.2 内部監査 9.2.1 一般 ………………………………92	**第8章 環境マネジメントシステム構築の 手順を習得する** …………………… 113	
6-54	9.2.2 内部監査プログラム —その1— 内部監査プログラムを確立する …………93	8-1	ISO14001導入から認証／登録取得まで の手順 ………………………………… 114
6-55	9.2.2 内部監査プログラム —その2— 内部監査の実施すべき事項 ………………94	8-2	ISO14001導入から認証／登録取得まで の手順 ………………………………… 115
6-56	9.3 マネジメントレビュー —その1— 環境マネジメントシステムをレビューする ………95	8-3	事前調査をしトップが導入を決意する —ステップ1— ……………………… 116
6-57	9.3 マネジメントレビュー —その2— 組織の状態の変化に対応しレビューする …………96	8-4	審査を受ける認証／登録範囲を決める —ステップ2— ……………………… 117
6-58	9.3 マネジメントレビュー —その3— 組織の環境パフォーマンスをレビューする ………97	8-5	推進体制を組む—ステップ3— ……… 118
6-59	9.3 マネジメントレビュー —その4— マネジメントレビューからのアウトプット ………98	8-6	キックオフ宣言をする —ステップ4— ……………………… 119
6-60	10 改善 10.1 一般 ……………………………99	8-7	推進計画を策定する—ステップ5— … 120
		8-8	認証機関を決定する—ステップ6— … 121
6-61	10.2 不適合及び是正処置 —その1— 不適合は修正し有害な環境影響を緩和する 処置をとる …………………………… 100	8-9	ISO14001関連の導入教育をする —ステップ7— ……………………… 122
6-62	10.2 不適合及び是正処置 —その2— 不適合は是正処置をとりその有効性を レビューする …………………………… 101	8-10	組織の状況を理解する —ステップ8— ……………………… 123
		8-11	初期環境レビューを実施する —ステップ9— ……………………… 124
6-63	10.2 不適合及び是正処置 —その3— 修正、是正処置に関し文書化した情報を 保持する …………………………… 102	8-12	環境影響評価を実施する —ステップ10— ……………………… 125
		8-13	環境側面に関する順守義務を決定する —ステップ11— ……………………… 126
6-64	10.3 継続的改善 環境パフォーマンスを継続的に改善する ……… 103	8-14	環境方針・環境目標を設定する —ステップ12— ……………………… 127
6-65	現在・将来・過去を考慮した"是正処置"の とり方 …………………………………… 104	8-15	環境マニュアルは組織が必要な場合作成 —ステップ13— ……………………… 128

8-16	環境マネジメントシステム文書を作成する —ステップ14—	129	9-23	適正な回答を得るための質問のテクニック ... 158
8-17	環境マネジメントシステムを運用する —ステップ15—	130	9-24	監査証拠を評価し監査所見を作成する ... 159
8-18	内部監査を実施する —ステップ16—	131	9-25	監査所見から監査結論を導く ... 160
8-19	受審のための事前準備をする —ステップ17—	132	9-26	最終会議で被監査者に監査結論を提示する ... 161
8-20	認証機関の審査を受ける —ステップ18—	133	9-27	内部監査報告書を作成する ... 162
8-21	監査の種類—内部監査・外部監査—	134	9-28	内部監査での不適合は是正処置をとる ... 163
			9-29	内部監査員は是正処置に対し助言する ... 164
			9-30	是正処置の実施完了をフォローアップする ... 165

第9章 内部監査の手順と監査技法を習得する ... 135

9-1	内部監査の手順（計画段階）	136
9-2	内部監査の手順（実施段階・フォローアップ段階）	137
9-3	監査は監査基準への適合を判定する	138
9-4	監査者により第一者・第二者・第三者監査がある	139
9-5	内部監査は環境マネジメントシステム監査である	140
9-6	監査には六つの原則がある	141
9-7	監査依頼者・監査員・被監査者の関係	142
9-8	監査プログラムを策定する	143
9-9	監査プログラムを実施する	144
9-10	内部監査システムを確立する	145
9-11	内部監査の目的・範囲・基準を特定する	146
9-12	内部監査の監査チームを編成する	147
9-13	事前に文書レビューを行う	148
9-14	内部監査の監査計画を策定する	149
9-15	初回会議を開催する	150
9-16	情報収集から監査結論までの手順	151
9-17	情報収集には"文書監査"と"現場監査"がある	152
9-18	サンプリングにより情報を収集する	153
9-19	情報収集は被監査者との面談で行う	154
9-20	被監査者への質問はチェックリストによる	155
9-21	質問は表現・問い方・内容の三要素からなる	156
9-22	質問には発展形と完結形とがある	157

索引 ... 166

第1章
環境マネジメントシステムの基本を知る

この章では、環境マネジメントシステムの基本を理解しましょう。

(1) 経済活動は、自然環境から資源、エネルギーを得て生産し、それを消費して営まれています。まず、環境とは何かを理解しましょう。
(2) 環境は、自然界における物質（例：水、炭素）とエネルギーの循環により支えられています。
(3) 環境マネジメントシステムとは、マネジメントシステムの一部で、環境側面をマネジメントし、順守義務を満たし、リスク及び機会に取り組むために用いるものをいいます。
(4) 環境マネジメントシステムは、「約束及び方針」、「計画」、「実施」、「測定及び評価」、「レビュー及び改善」という五つの原則に基づいています。
(5) 環境マネジメントシステムは、「計画P」、「実施D」、「評価C」、「処置A」という「PDCAの管理のサイクル」により運用されます。

1-1 環境とはどういうことか

環境 －Environment－

経済活動と自然環境との関連

■環境とは組織の活動をとりまくものをいう

まず初めに、環境とは何かということですが、"環境とは、大気、水、土地、天然資源、植物、動物、人及びそれらの相互関係を含む、組織の活動をとりまくもの"と定義（ISO14001規格3.2.1項）されています。

そして、ここでいう"とりまくもの"とは、"組織内から、近隣地域、地方及び地球規模のシステムにまで広がり得る"としています。

ということは、組織の敷地内の環境と敷地境界線の外の環境が対象となります。

組織をとりまくものとしては、地球環境の構成要素である無機質的環境と有機質的環境、そして景観などの視覚的要素を含む自然環境をいいます。

無機質的環境とは、大気、水、土地、天然資源の一部をいい、**有機質的環境**は、植物、動物、人、天然資源の一部が該当します。

■人の生活は自然環境の中で営まれる

自然環境とは、人がまったく手を入れない自然状態ということではなく、人と生物が共存している自然をいいます。

自然は、生物（有機質）と非生物（無機質）からなっています。

生物は、太陽エネルギーを基にして、無機質（例：CO_2）から有機物をつくる生産者（緑色植物）と、その生産物の消費者（動物）、両者の排泄物、遺体を無機化する分解者（微生物）により構成されます。

人の生活及び経済活動は、自然環境から資源、エネルギーを得て、生産し、それを消費して、不要物を自然環境に廃棄し、上記の自然の回復力（循環）によって営まれています。

人の生活、経済活動は、自然環境にいろいろと悪影響を及ぼしていますので、自然環境を保全する必要があります。

1-2 環境は自然の循環（回復力）により継続する

水の循環（回復力）

- 水は、大気、水域（海洋、河川、湖沼など）、土地（森林、草原、平野など）に存在します。
- 水は、海洋、河川、湖沼などの水域、土地、森林の樹木から蒸発、蒸散し大気に蓄積されます。
- 大気に蓄積された水は雨となって水域、土地に降水し、蒸発することにより循環します。

エネルギーの循環

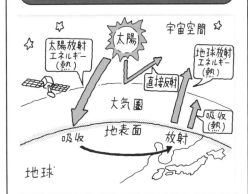

- 地球に供給される太陽放射エネルギーは、地表面を暖め、生物のエネルギーとして利用されます。
- また、地表面から宇宙に向かって赤外線が放射され、大気を暖め温室効果をもたらします。
- この温室効果が地表付近の気温を安定させます。

炭素の循環（回復力）

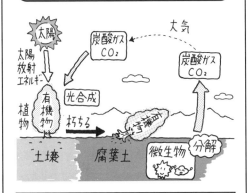

- 植物（緑色植物）は大気中の炭酸ガス（CO_2）を太陽放射エネルギーによる光合成によって取り込み、有機物をつくります。
- 植物は成長して後、自ら朽ちて、または動物を介し、微生物によって分解され、元の炭酸ガス（CO_2）となり循環します。

微量元素（例：カルシウム）の循環（回復力）

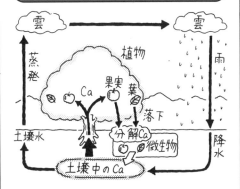

- カルシウム（Ca）やリン（P）などの微量元素は生態系の中で局所的に生物学的循環を行っています。
- 例えばCaは落葉や動物の遺体が微生物で分解され、無機物化して地中に蓄積され、それを植物は根から吸収し、循環します。

1-3 環境マネジメントシステムを知る

環境 －Environment－

☆環境とは、大気、水、土地、天然資源、植物、動物、人及びそれらの相互関係を含む、組織の活動をとりまくものをいう。
- ここでいうとりまくものは、組織内から近隣地域、地方及び地球規模のシステムにまで広がり得る。

システム －System－

☆システムとは、相互に関連する又は相互に作用する要素の集まりをいう。

環境マネジメントシステム －Environmental Management System : EMS－

☆環境マネジメントシステムとは、マネジメントシステムの一部で、環境側面をマネジメントし、順守義務を満たし、リスク及び機会に取り組むために用いられるものをいう。
- 環境側面とは、環境と相互に作用する、又は相互に作用する可能性のある組織の活動又は製品又はサービスの要素をいう。
- 順守義務とは、組織が順守しなければならない法的要求事項及び組織が順守しなければならない、又は順守することを選んだその他の要求事項をいう。

組織のマネジメントシステム

環境マネジメントシステム
- 環境側面をマネジメントする
- 順守義務を満たす
- リスク及び機会に取り組む

マネジメント －Management－

☆マネジメントとは、組織を指揮し、管理するための調整された活動をいう。

マネジメントシステム －Management System－

☆マネジメントシステムとは、方針、目的及びその目的を達成するためのプロセスを確立するための、相互に関連する、又は相互に作用する組織の一連の要素をいう。
- システムの要素には、組織の構造、役割及び責任、計画及び運用、パフォーマンス評価並びに改善が含まれる。

1-4 環境マネジメントシステムには五つの原則がある

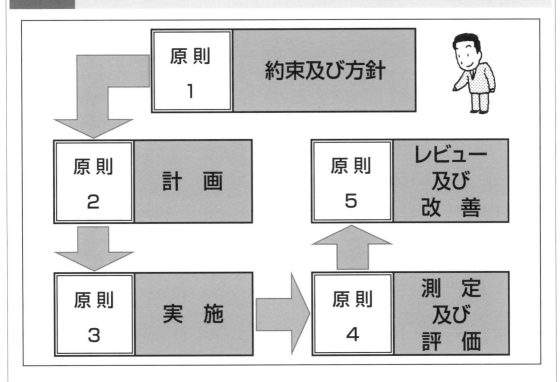

■環境マネジメントシステムの5つの原則

　ISO14001規格に基づく環境マネジメントシステムは、「**約束及び方針**」、「**計画**」、「**実施**」、「**測定及び評価**」、「**レビュー及び改善**」という五つの原則により構築・運用され、これは**PDCA**マネジメントモデル（管理のサイクル：1-5項参照）に沿っています。

■原則1－約束及び方針

　組織は、環境方針を定め、環境マネジメントシステムに対する約束を確実にすることが望ましいです。
- トップマネジメントの環境マネジメントシステムを改善する旨の約束が重要です。

■原則2－計画

　組織は、その環境方針を実行するために計画を策定することが望ましいです。

■原則3－実施

　環境マネジメントシステムの効果的な実施のため、組織はその環境方針、環境目標を達成するために必要な能力及び支援機構を開発することが望ましいです。

■原則4－測定及び評価

　組織は、その環境パフォーマンスを測定し、監視及び評価することが望ましいです。
- **環境パフォーマンス**とは、組織の環境側面についてのその組織のマネジメントに関連する測定可能な結果をいいます。

■原則5－レビュー及び改善

　組織は、全体的な環境パフォーマンスを改善する目的で、その環境マネジメントシステムをレビューし、継続的に改善することが望ましいです。

1-5　環境マネジメントシステムはPDCAで管理する

PDCA 管理のサイクル－PDCA マネジメントモデル－

☆"PDCA"とは"管理のサイクル"ともいい、P（Plan）計画を立て、D（Do）その計画を実施し、C（Check）その結果を評価して、A（Act）計画どおりの結果が得られなければ、その原因を究明して処置をとり、次の計画Pに反映させることをいいます。

☆環境マネジメントシステムにおける"PDCA"とは、トップマネジメントのリーダーシップ及びコミットメント（関与）に基づいて、組織が環境方針を確立し、実施し、維持することができるようにする継続的な繰り返しのプロセスをいいます。

環境マネジメントシステムの PDCA 管理のサイクル－ PDCA マネジメントモデル－

P 計画
☆ 組織の環境方針に沿った結果を出すために、必要な環境目標及びプロセスを設定する
・ 継続的な計画のプロセスを確立する

D 実施
☆ 計画どおりにプロセスを実施する
・ 環境マネジメントシステムを実施し、運用する

C 評価
☆ コミットメントを含む環境方針、環境目標、運用基準に照らしてプロセスを監視し、測定し、その結果を報告する
・ 環境マネジメントシステムのプロセスを評価する

A 処置
☆ 環境マネジメントシステムのパフォーマンスを継続的に改善するための処置をとる
・ 環境マネジメントシステムを改善するためにレビューし、処置をとる

第2章

環境マネジメントシステムがもたらすメリット

　この章ではISO14001規格に基づく環境マネジメントシステムに取り組むことにより、組織はどのようなメリットがあるかを理解いたしましょう。

(1) 組織は、環境配慮型製品の開発、グリーン調達・購入など環境経営への取り組みは不可欠となっています。
(2) 企業経営として、環境マネジメントシステムに取り組むことにより、地球環境問題への対応、環境リスクの回避、省資源・省エネによる環境コストの低減などのメリットが得られます。
(3) 組織が、環境マネジメントシステムを構築することによるメリット、そしてそれを運用することによるメリットを示してあります。
(4) 組織が、対応を求められている地球環境問題としては、オゾン層破壊、地球温暖化、海洋汚染、森林(熱帯雨林)減少、酸性雨、野生生物種減少、砂漠化、有害廃棄物越境移動などがあります。

2-1 環境マネジメントシステム構築・運用のメリット

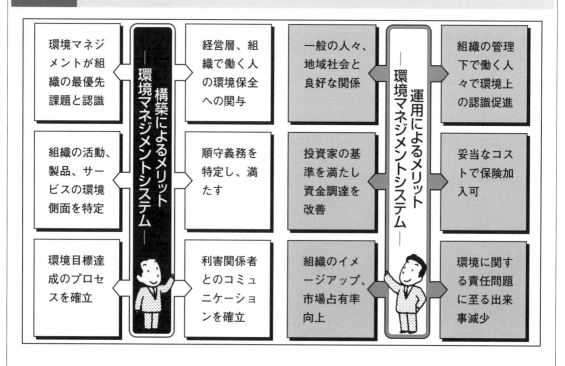

■環境マネジメントシステム構築のメリット

組織が環境マネジメントシステムを構築することにより次のようなメリットがあります。
- 環境マネジメントが組織の最優先事項の一つであると認識する
- 経営層及び組織の管理下で働くすべての人々を環境の保全に関与させる
- 組織の活動、製品及びサービスにかかわる環境側面を特定する
- 組織の順守義務（環境側面に関する法的要求事項、組織が同意するその他の要求事項）を特定し満たす
- 環境目標を達成するためのプロセスを確立する
- 内部・外部の利害関係者とのコミュニケーション及び建設的な関係を確立し維持する
- 環境パフォーマンスを、環境方針、環境目標に照らして評価し、必要に応じて改善を進める

■環境マネジメントシステム運用のメリット

組織が、効果的に環境マネジメントシステムを運用することにより、次のようなメリットがあります。
- 一般の人、地域社会と良好な関係を保つ
- 外部提供者を含む、組織の管理下で働くすべての人々の間で、環境に対する認識が高まる
- 投資家の基準を満たし資金調達を改善する
- 妥当なコストで保険がかけられる
- 組織のイメージ及び市場占有率を高める
- 環境に関する組織の責任問題に至る出来事を減らす
- 投入原材料及びエネルギーを節約する
- 環境問題の解決策について、その開発を促進し共有する
- 実施可能な環境マネジメントへの約束を顧客に保証する
- 許認可の取得を容易にする

2-2 組織に求められる環境経営の必要性

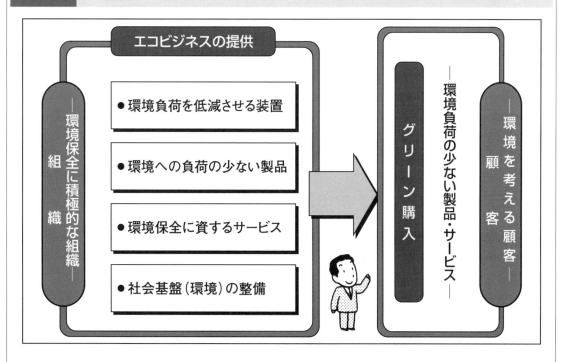

■ 組織は環境への取り組みが求められている

　組織は、経済活動において、原料の調達から製品の製造、サービス提供での経済的効率を重視してきたことにより、いろいろな環境問題が地球規模で顕在化しています。

　そこで、組織は、これら経済活動から生ずる環境負荷をできる限り少なくした、環境を基調とした取り組みが求められています。

■ グリーン購入に対し社会的関心が高まる

　グリーン購入とは、環境負荷ができるだけ少ない製品やサービスを優先的に購入、使用することにより、製品の使用や廃棄の段階で生ずる環境負荷を低減させようという活動をいいます。

　グリーン購入は、消費者団体、地方自治体、国など、社会的関心が高まるなかで、環境活動の一環として活発化しております。

■ エコビジネスへの参入のチャンスである

　組織にとって、環境への負荷の低減に役立つ環境配慮型製品の開発や環境関連事業への進出は、大きなビジネスチャンスといえます。

　エコビジネスは、次の四つに分類されます。

● 環境負荷を低減させる装置

　これには、燃料電池、水質汚濁防止装置、大気汚染防止装置などがあります。

● 環境への負荷の少ない製品

　これには、エコマーク商品や廃棄物のリサイクル・省資源、省エネルギー関連の製品（例：太陽光発電装置）などがあります。

● 環境保全に資するサービス

　これには、廃棄物処理事業、再生資源回収事業、土壌・地下水汚染状況調査事業などがあります。

● 社会基盤（環境）の整備

　これには、緑化事業、廃棄物処理施設整備事業、下水道整備関連事業などがあります。

2-3 環境マネジメントシステムの経営面のメリット

地球環境問題への対応
- 地球温暖化
- オゾン層破壊
- 酸性雨
- 野生生物種減少
- 森林減少
- 海洋汚染
- 有害廃棄物越境移動

営業活動の優位性確保
- 環境配慮型製品開発
- 顧客のグリーン購入への対応
  - 組織のイメージアップ
  - 競合他組織との差別化

企業の社会的責任
― CSR ―
環境適合達成

環境リスクの回避
- 環境に対する訴訟回避
- 労働災害回避
- 〔例〕
  - ダイオキシン対策
  - フロンガス漏洩対策
  - 土壌汚染対策

環境コストの低減
- 省資材（素材・部品）
- 省エネルギー（電気・ガス・石油）
- 廃棄物削減
- リサイクル、リユース

■**環境への取り組みは組織の社会的責任を果たす**

　組織は、経済的側面だけでなく、社会的貢献など組織の**社会的責任**（CSR：Corporate Social Responsibility）を果たすことが求められています。

　環境への取り組みは、組織の社会的責任を果たすために不可欠な要素といえます。

　組織が、**ISO14001**規格に基づく環境マネジメントシステムを構築し、運用することにより、次のような経営面のメリットがあります。

■**組織として地球環境問題に対応する**

　組織として、地球規模で社会問題化している地球温暖化、オゾン層破壊、酸性雨、海洋汚染、森林減少、野生生物種減少、砂漠化、有害廃棄物の越境移動などの環境問題（2-4項・2-5項参照）の解決に対応する体制を整えられます。

■**環境影響を評価し環境リスクを回避する**

　組織が適用を受ける法令規制要求事項を特定するとともに、事業活動に関連する環境影響を評価し、著しい環境側面を管理することにより、訴訟や労働災害などによる**環境リスク**を回避することができます。

■**環境配慮により営業活動が優位となる**

　顧客は、購入する製品の品質・納期とともに、環境に対しても関心が高まっています。

　環境への取り組みにより、政府や地方公共団体が購入する商品・サービスは、その性格上環境面が重視されることから、**グリーン購入**への対応などの営業活動で優位となります。

■**省資源・省エネで環境コストを低減する**

　組織が使用する電気・ガス・石油などのエネルギーの削減、資源の有効活用、廃棄物の削減により環境コストを低減できます。

2-4 地球環境問題〔1〕

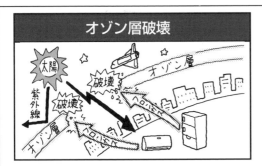
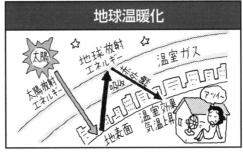

■フロンなどによるオゾン層破壊問題

　地球の大気圏にはオゾンが存在し、太陽光に含まれる有害な紫外線を吸収し、地球上の生物を保護しています。

　オゾン層の破壊とは、発泡剤、洗浄剤、冷媒などに利用されるクロロフルオカーボン（CFC：フロンの一種）やハロンなどが成層圏まで上昇し、オゾン層を破壊することをいいます。

　有害な紫外線が増加することにより、人に対して皮膚ガンや白内障などの健康被害を生ずるだけでなく植物も光合成が阻害されます。

■排水などの流出による海洋汚染問題

　海洋汚染は、河川から生活排水、工業・農業排水の流出、船舶事故に伴う油の流出、廃棄物の海洋不法投棄などにより生じます。

　この結果、赤潮、海水の酸欠を生じ海洋生物の生存を脅かし漁業に影響を及ぼします。

■温室効果ガス増加による地球温暖化問題

　地球からの放射エネルギーは、大気中の水蒸気、二酸化炭素、メタン、亜酸化窒素などの温室効果ガスに吸収され、赤外線を放射しその熱により地表は一定の気温を保ちます。

　地球温暖化とは、人口の増加、経済活動規模の拡大などに伴い、石油などを消費し大気中の温室効果ガス濃度が上昇して温室効果が強まり、気温が高くなることをいいます。

　この結果、海面の上昇や雨量の分布変化により、生態系及び社会活動へ影響を及ぼします。

■過度の伐採による森林(熱帯雨林)減少問題

　森林(熱帯雨林)は過度の放牧、焼畑耕作、薪炭材の過度採取、商用材の不適切な伐採、森林火災などにより、急激に減少しています。

　この結果、農地の土壌浸食による劣化、ゴム、樹脂などの天然資源が失われています。

2-5 地球環境問題〔2〕

■**化石燃料消費による酸性雨問題**

　化石燃料（石油）などの燃焼によって、硫黄酸化物や窒素酸化物が大気中で太陽光やオゾンの働きにより生じ、これが雨に溶けて硫酸イオン、硝酸イオンとなり**酸性雨**（pH5.6以下）となります。

　酸性化した雨が降ると、湖沼、河川、森林の生態系に影響を及ぼします。

　また、土壌の酸性化により植物の生育に影響し、地下埋設物や建造物の腐食を生じます。

■**有害廃棄物の国外越境移動問題**

　産業の発達により廃棄物の発生量が急激に増加し、管理や処理、処分の規制も厳しく有害廃棄物に処分費を徴するようになりました。

　当初は国内で埋め立てなどを行っていた有害廃棄物が、処理しやすい場所を求めて国外へ運び出すようになり、これが**有害廃棄物越境移動問題**です。

■**生息環境の破壊による野生生物種減少問題**

　野生生物は、熱帯原生林の伐採・焼却、道路やダムの建設による野生生物の生息環境の破壊、酸性雨や大気汚染、乱獲や進入種の影響などの人為的な原因で急速に減少しています。

　生物種の減少は、生態系を不安定にします。生態系は、個々の生物の営みのつながりで安定した物質循環を産み、その輪の中で種の繁栄があり、人類も生態系の一員ということです。

■**かんばつなどによる砂漠化問題**

　砂漠化は、かんばつの他、川河に沿った肥沃な土壌も人口の増加により農地化され、長い間の収穫で衰え水管理の不適切で生じます。

　牧草地では、過放牧のため植物の繁殖以上に食い荒らすと裸地状態となり砂漠化します。

　土壌の砂漠化により食料生産などに影響を及ぼし、飢餓や栄養失調の増大の原因となります。

第3章
ISOでISO14000シリーズ規格が制定される

　この章では、ISOの略称で呼ばれる国際標準化機構について理解しましょう。

(1) 国際規格を制定する機関である国際標準化機構をISOといいます。日本では、日本工業標準調査会が常任理事国メンバーとなっています。
(2) 国際標準化機構は、総会、理事会、技術管理評議会、技術専門委員会などからなり、環境マネジメントに関する技術専門委員会TC207が環境マネジメントシステム規格を制定しています。
(3) 国際標準化機構で制定される国際規格は、予備段階・提案段階・作成段階・委員会段階・照合段階・承認段階・発行段階の七つの段階を経て制定されます。

3-1 ISOとは国際標準化機構をいう

```
┌─────────────────────────┬─────────────────────────┐
│      設立の目的          │    非政府系国際機関       │
│ ●世界的な標準化活動の発展 │ ●スイスにある非政府系国際  │
│   を図る                 │   機関である             │
│ —知的、科学的、技術的、   │ —国連機関の諮問機関的な   │
│   経済的活動分野          │   機能をもつ—            │
│   における国際間の協力を   │                         │
│   進める—                │                         │
└─────────────────────────┴─────────────────────────┘
```

ISO ― International Organization for Standardization ―
国際標準化機構

```
┌─────────────────────────┬─────────────────────────┐
│  日本工業標準調査会が加盟  │     国際規格を制定        │
│ ●各国の標準化機関が加盟する│ ●国際規格として、システム  │
│ —日本では日本工業標準調査会│   規格・製品規格・        │
│   が、1952年に加盟し、常任 │   試験規格・用語規格を制定 │
│   理事国メンバーになっている│   している               │
│                         │ —ISO14001規格はシステム  │
│                         │   規格である—            │
└─────────────────────────┴─────────────────────────┘
```

■**国際標準化機構をISOという**

　ISO(International Organization for Standardization)とは、国際標準化機構の略称をいいます。

■**国際標準化機構(ISO)設立の経緯**

　国際標準化機構は、国際貿易が多角化し、貿易量が増大する中で、世界共通の規格が必要となり、1947年に"萬国規格統一協会(1928年設立)"の業務を継承する機関として設立された標準化組織です。

■**国際標準化機構の目的**

　国際標準化機構の目的は、物資及びサービスを国際的に交換することを容易にし、知的、科学的、技術的及び経済的活動分野における国際間の協力を進めるために、世界的な標準化活動の発展を図ることです。

■**国際標準化機構は非政府系国際機関である**

　国際標準化機構は、スイスのジュネーブにあり、非政府系国際機関(任意団体)ですが、国連機関の諮問機関的な機能をもっています。

■**日本では日本工業標準調査会が加盟している**

　国際標準化機構は、会員制になっており、各国の標準化機関の一機関のみが加盟することになっています。

　日本では、1952年に、日本工業規格(JIS)の調査・審議を行っている日本工業標準調査会(JISC)が加盟しています。

■**国際標準化機構が制定する国際規格の種類**

　国際標準化機構では、システム規格、製品規格、試験規格、用語規格を制定しており、**ISO14001**規格はシステム規格です。

第3章●ISOでISO14000シリーズ規格が制定される

3-2　ISO14000シリーズ規格はTC207で制定する

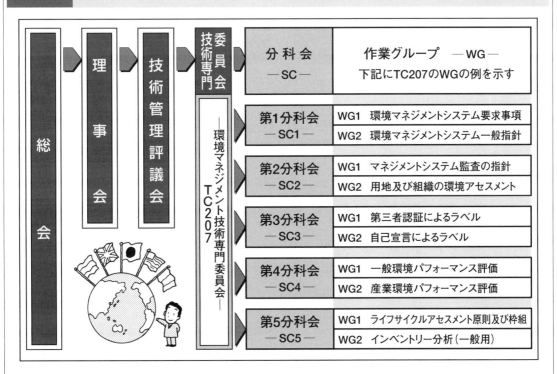

■国際標準化機構(ISO)の組織構成

　国際標準化機構の組織は、総会、理事会があり、その下に技術管理評議会が設置されています。

　そして、技術管理評議会の下に、**技術専門委員会TC**(Technical Committee)、**分科会SC**(Sub-Committee)、**作業グループWG**(Working Groups)が設置されています。

■総会はISOの最高決議機関である

　総会は、主要役員ならびに会員団体から構成され、ISOの最高決議機関です。

　総会は、一年に一回開催され、長期戦略計画、財務などISO業務全般を審議します。

■理事会はISOの運営を決定する

　理事会は、ISOの標準化活動の運営を決定する機関で、年二回開催されます。

■技術管理評議会は規格策定全般に責任がある

　技術管理評議会は、業務全般について、理事会に報告・助言し、技術専門委員会の設置・解散の決定、その業務の監査など国際規格の策定全般に責任があります。

■技術専門委員会は国際規格原案を審議する

　技術専門委員会TCは、国際規格原案や技術分野の専門的事項を審議します。

■TC207がISO14000シリーズ規格を審議する

　環境マネジメントに関する**技術専門委員会TC207**が、1993年に設置され、**ISO14000シリーズ規格**の審議をしています。

　TC207の第1分科会SC1が、環境マネジメントシステム規格である**ISO14001規格**、**ISO14004規格**の策定・改訂を行っています。

3-3 ISO規格は七段階を経て制定される

段　階	関連文書名	略　称
予備段階	予備作業項目	PWI：Preliminary Work Item
提案段階	新規作業項目提案	NP：New Work Item Proposal
作成段階	作　業　原　案	WD：Working Draft
委員会段階	委　員　会　原　案	CD：Committee Draft
照合段階	国　際　規　格　案	DIS：Draft International Standard
承認段階	最終国際規格案	FDIS：Final Draft International Standard
発行段階	国　際　規　格	IS：International Standard

■ISO規格は七段階を経て制定される

国際標準化機構（ISO）では、次の七つの段階を経て国際規格を制定します。

● その1：予備段階（PWI）

予備段階とは、今後、開発する規格を"予備作業項目PWI"として登録する段階をいいます。

● その2：提案段階（NP）

提案段階とは、正式に規格開発される項目に対して"新規作業項目提案NP"がなされ、技術委員会又は分科委員会のメンバーの投票により過半数で承認される段階をいいます。

● その3：作成段階（WD）

作成段階とは、作業部会が規格の"作業原案WD"を取りまとめ、第1次委員会原案（CD）として、ISO中央事務局に登録される段階をいいます。

● その4：委員会段階（CD）

委員会段階とは、"第1次委員会原案CD"を技術委員会又は分科委員会で審議し照合原案としての回付を承認する段階をいいます。

● その5：照合段階（DIS）

照合段階とは、照合原案（国際規格案DIS）をすべての国の代表に回付し、5カ月間の投票（賛成2/3以上）で、最終国際規格案（FDIS）として登録される段階をいいます。

● その6：承認段階（FDIS）

承認段階とは、最終国際規格案（FDIS）が、すべての国の代表に回付され、2カ月間の投票（賛成2/3以上）で、国際規格（IS）として登録される段階をいいます。

● その7：発行段階（IS）

発行段階とは、ISO中央事務局が2カ月以内に国際規格の印刷と配布を行い、国際規格（IS）として発行する段階をいいます。

第4章

ISO14000シリーズ規格の基礎知識

　この章ではISO14000シリーズ規格の基礎知識として、構成するそれぞれの規格の趣旨を理解しましょう。

(1) ISO14000シリーズ規格は、汚染の予防を含む環境保護を目的とし、非関税貿易障壁とせず、あらゆる組織に適用できるなどの特徴があります。
(2) ISO14000シリーズ規格には、組織評価規格、製品評価規格、用語規格があり、それぞれの規格の構成を知りましょう。
(3) 組織評価規格としての環境マネジメントシステム規格には、認証／登録の基準であるISO14001規格と環境マネジメントシステム-実施の一般指針としてのISO14004規格があります。
(4) また、組織評価規格には、環境マネジメントシステムの組織自体による内部監査（第一者監査）と顧客によるサプライヤー監査（第二者監査）の指針としてのISO19011規格があります。
(5) 製品評価規格には、環境ラベル及び宣言規格とライフサイクルアセスメント規格があります。
(6) 環境関連の用語を定義しているのが、ISO14050規格です。

4-1 ISO14000シリーズ規格の特徴を知る

■法令ではなく任意規格である

　ISO14000シリーズ規格の具体的な内容に入る前に、この規格にはどのような特徴があるのかを説明いたしましょう。

　まず、ISO14000シリーズ規格は、法令、規制ではなく、民間の任意規格です。

　任意規格とは、それ自体には強制力がなく、その規格に準拠するかは、組織の自主的な判断に任されるということです。

　ISO14000シリーズ規格を採用するかは、組織の経営戦略上の決定であり、その取り組みの目的を明確にすることが大切です。

■非関税貿易障壁としない

　ISO14000シリーズ規格は、非関税貿易障壁を生み出すことを意図したものではありません。

　国際的に整合が図られた認証制度により、国際貿易を円滑にするためのものです。

■あらゆる業種の組織に適用可能である

　組織には、製造業、サービス業、ソフトウェア業など多様な業種がありますが、ISO14000シリーズ規格は、普遍的なものですので、すべての組織に適用できます。

■汚染の予防を含む環境保護を図る

　ISO14000シリーズ規格の全体的なねらいは、社会的ニーズとバランスをとりながら、汚染の予防を含む環境保護を図ることにあります。

■「附属書SL」に基づき作成されている

　ISO14001規格は、「附属書SL」（第5章参照）に基づき作成されているので品質、情報セキュリティなどとマネジメントシステムの対象は異なるが、共にマネジメントシステム規格であることから、組織が一緒に適用しても問題なく両立するように制定してあります。

4-2 ISO14000シリーズ規格の体系を知る

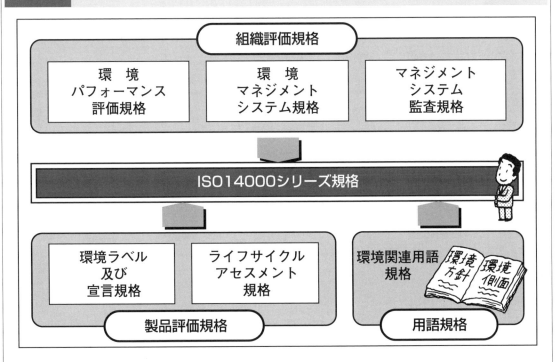

■ISO14000シリーズ規格の体系

ISO14000シリーズ規格の体系は、環境に関する**組織評価規格、製品評価規格**及び**環境用語規格**で構成されています。

■環境に関する組織評価規格

組織評価規格には、**環境マネジメントシステム規格、マネジメントシステム監査規格、環境パフォーマンス評価規格**があります。

環境マネジメントシステム規格には、認証制度の認証／登録の基準となる**ISO14001規格**と環境マネジメントシステムの実施の一般指針としての**ISO14004規格**とがあります。

マネジメントシステム監査規格には、監査プログラムの管理、環境マネジメントシステムの内部監査又はサプライヤー監査の実施、ならびに監査員の力量及び評価についての指針としての**ISO19011規格**があります。

環境パフォーマンス評価規格は、組織の環境行動、環境パフォーマンスの実績を定性的、定量的パラメータを使って評価する手引を規定しています。

■環境に関する製品評価規格

製品評価規格には、**環境ラベル及び宣言規格**と**ライフサイクルアセスメント規格**があります。

環境ラベル及び宣言規格には、自己宣言に関する規格、第三者機関認証に関する規格、そして製品環境負荷情報表示に関する規格とがあります。

ライフサイクルアセスメント規格は、製品の製造から販売、使用、廃棄にいたるまでに、どの程度環境に負荷を与えるかを定量的に評価する手法を定めております。**ライフサイクルアセスメント**とは、ライフサイクルを通した入力、出力及び潜在的な環境影響のまとめ並びに評価をいいます。

4-3 ISO14000シリーズ規格の構成を知る

組織評価規格

環境マネジメントシステム	
ISO14001	環境マネジメントシステム−要求事項及び利用の手引
ISO14004	環境マネジメントシステム−実施の一般指針

監査（マネジメントシステム共通）	
ISO19011	マネジメントシステム監査のための指針

環境パフォーマンス評価	
ISO14031	環境マネジメント−環境パフォーマンス評価−指針
ISO/TR14032	環境マネジメント−環境パフォーマンス評価（EPE）の実施例

製品評価規格

環境ラベル及び宣言	
ISO14020	環境ラベル及び宣言−一般原則
ISO14021	環境ラベル及び宣言−自己宣言による環境主張（タイプⅡ 環境ラベル表示）
ISO14024	環境ラベル及び宣言−タイプⅠ 環境ラベル表示−原則及び手続
ISO14025	環境ラベル及び宣言−タイプⅢ 環境宣言

ライフサイクルアセスメント（製品システム）	
ISO14040	環境マネジメント−ライフサイクルアセスメント−原則及び枠組み
ISO14044	環境マネジメント−ライフサイクルアセスメント 要求事項及び指針
ISO14045	環境マネジメント−製品システムの環境効率評価
ISO14047	環境マネジメント−ライフサイクルアセスメント−インパクトアセスメントへのISO14044の適用事例
ISO/TS14048	環境マネジメント−ライフサイクルアセスメント−データ記述書式
ISO/TR14049	環境マネジメント−目的及び調査範囲の設定及びインベントリ分析のISO14044に関する適用事例

用語規格

環境関連用語	
ISO14050	環境マネジメント−用語

その他規格

その他	
ISO14015	環境マネジメント−用地及び組織の環境アセスメント（EASO）
ISO/TR14062	環境適合設計
ISO14063	環境コミュニケーション

4-4 ISO14001規格は認証／登録の基準である

■環境マネジメントシステムの要求事項を規定
　ISO14001規格（環境マネジメントシステム要求事項及び利用の手引）は、組織が環境パフォーマンスを向上させるために用いることができる環境マネジメントシステムの要求事項について規定しています。

■認証制度の認証／登録の基準である
　ISO14001規格は、組織の環境マネジメントシステムが認証制度において認証／登録を取得する際の唯一の審査基準です。
　組織は、認証機関の審査において、ISO14001規格の要求事項に適合することによって、認証／登録を取得することができます。
●**認証**とは、製品、工程又は付帯のサービスが所定の"要求事項"を満たしていることを、第三者が文書で保証する手続きをいいます（ISO14050、1-7項）。

■意図した成果の達成に役立つ
　ISO14001規格は、組織が、環境、組織自体及び利害関係者に価値をもたらす環境マネジメントシステムの意図した成果の達成に役立ちます。
　環境マネジメントシステムの意図した成果は、組織の環境方針に整合して"環境パフォーマンスの向上"、"順守義務を満たすこと"そして"環境目標の達成"を含みます。

■組織が特定した環境側面に適用する
　ISO14001規格は、組織が管理できるもの及び組織が影響を及ぼすことができるものとして、組織が特定する環境側面に適用されます。
●**環境側面**とは、環境と相互に作用する、又は相互に作用する可能性のある、組織の活動又は製品又はサービスの要素をいいます。

4-5 ISO14004規格はシステム構築の手引書である

◀ ISO14004規格 ▶
環境マネジメントシステム
―実施の一般指針―

序文
1. 適用範囲
2. 引用規格
3. 用語及び定義
4. 組織の状況
5. リーダーシップ
6. 計画
7. 支援
8. 運用
9. パフォーマンス評価
10. 改善

ISO14001規格と章立てを同じにしているのだョ！

● 環境マネジメントシステムの確立、実施、維持、継続的改善の組織への支援を目的とする

● 規模、業種・形態及び性質を問わず、どのような組織にも適用できる

ISO14004規格

● ISO14001規格と内容が整合している

―ISO14001規格の解釈を示すものではない―

● 認証制度の認証／登録の基準ではない

―手引書である―

■ISO14004規格の目的

　ISO14004規格（環境マネジメントシステム―実施の一般指針）は、しっかりとした、信ぴょう性及び信頼性のある環境マネジメントシステムを確立し、実施し、維持し、継続的に改善しようとする組織を支援することを目的としています。

■ISO14004規格の特徴

　ISO14004規格は、持続可能性の"環境の柱"に寄与する体系的な方法で環境責任をマネジメントするような組織を対象にしています。
　ISO14004規格は、組織が環境パフォーマンスを向上させることを助け、又環境マネジメントシステムの要素を組織の中核となる事業プロセスに統合することを可能にします。
　ISO14004規格は、効果的な環境マネジメントシステムの実施に関する詳細な又は補足的な手引として役立ちます。

■ISO14004規格はどんな組織にも適用可能

　ISO14004規格は、規模、業種・形態及び性質を問わず、どのような組織にも適用でき、組織がライフサイクルの視点を考慮して管理することができる又は影響を及ぼすことができると決定した、組織の活動、製品及びサービスの環境側面に適用されます。

■ISO14004規格はISO14001規格と整合している

　ISO14004規格は、ISO14001規格の内容と整合しており、概念及び要求事項の追加的説明が示されておりますが、ISO14001規格の要求事項の解釈を規定してはおりません。

■認証／登録の基準ではない

　ISO14004規格は、より良い環境マネジメントを支援するために、共通の枠組みに関する手引であって、認証制度における認証／登録の基準ではありません。

4-6 ISO19011規格は監査の手引書である

ISO19011：2011 ―マネジメントシステム監査のための指針―

序文
1. 適用範囲
2. 引用規格
3. 用語及び定義
4. 監査の原則
5. 監査プログラムの管理
    5.1 一般
    5.2 監査プログラムの目的の設定
    5.3 監査プログラムの策定
    5.4 監査プログラムの実施
    5.5 監査プログラムの監視
    5.6 監査プログラムのレビュー及び改善
6. 監査の実施
    6.1 一般
    6.2 監査の開始
    6.3 監査活動の準備
    6.4 監査活動の実施
    6.5 監査報告書の作成及び配付
    6.6 監査の完了
7. 監査員の力量及び評価
    7.1 一般
    7.2 監査プログラムのニーズを満たす監査員の力量の決定
    7.3 監査員の評価基準の設定
    7.4 監査員の適切な評価方法の設定
    7.5 監査員の評価の実施
    7.6 監査員の力量の維持及び向上
    附属書A（参考）
    附属書B（参考）

監査の手引書だョ

■ISO19011規格は監査の手引書である

ISO19011規格（マネジメントシステム監査のための指針）は、監査の原則、監査プログラムの管理、環境マネジメントシステム監査の実施、並びに環境の監査員の力量に関する手引を提供します。

■この規格は第一者・第二者監査に用いられる

ISO19011規格は、環境マネジメントシステムについて、組織自体が行う**内部監査**（第一者監査：第9章参照）及び顧客による取引評価のための**第二者監査**（サプライヤー監査）に用いられます。ただし、認証機関が行う第三者認証審査には適用されません。

■監査員は監査の原則を順守する

監査の原則（9-6項参照）による監査は、経営方針及び管理業務を支援する効果的、かつ信頼のおけるツールとなります。

■監査プログラムを管理する

監査プログラム（9-8項参照）の管理とは監査を計画し、手配し、実施するに必要な活動を策定し、実施し、その目的が満たされたかをレビューし、改善することをいいます。

■環境マネジメントシステム監査の活動

環境マネジメントシステムに関する監査活動は、監査の目的・範囲・基準を明確にし、監査チームを選定します。

監査チームへの作業割当、監査スケジュールなどの監査計画を策定し、現地監査をします。

現地監査は、初回会議のあと監査基準に基づき環境マネジメントシステムの適合・不適合の情報を収集し、監査所見、監査結論を最終会議で報告します。

その内容を監査報告書として文書化し、不都合があれば、フォローアップをします。

4-7 製品評価として環境ラベル及び宣言の規格がある

ISO14020　環境ラベル及び宣言 ― 一般原則

　この規格は、環境ラベル及び宣言の作成と使用についての指導原則を規定しています。ISO14020シリーズのほかの適用可能な規格も、この規格とともに使用されることを意図しています。この規格は、認証／登録のための仕様として使われるものではありません。

ISO14021　環境ラベル及び宣言 ― 自己宣言による環境主張（タイプⅡ環境ラベル表示）

　この規格は、説明文、シンボル及び図を含む自己宣言による製品の環境主張に対する要件、並びに自己宣言による環境主張に関する一般的な評価及び検証方法及びこの規格によって選択された主張に関し、特定の評価及び検証方法について規定しています。

ISO14024　環境ラベル及び宣言 ― タイプⅠ環境ラベル表示 ― 原則及び手続

　この規格は、タイプⅠ環境ラベル制度開発のための原則及び手続を規定するものであり、製品カテゴリー、製品環境基準及び製品機能特性の選択を含み、また適合の評価及び証明のための原則及び手続について規定しています。

ISO14025　環境ラベル及び宣言 ― タイプⅢ　環境宣言

　この標準情報は、タイプⅢ環境宣言の開発及び／又は発行に際して、技術的考慮事項、宣言書式とその伝達、運用管理上の考慮事項を含む、タイプⅢ環境宣言及び対応するプログラムに関する要素と課題を特定し、記述されています。

環境ラベル ―Environmental label― 例

■環境ラベルとは"製品又はサービスの環境側面を示す主張"をいい、次のような種類があります。
- 第三者認証の環境ラベル（タイプⅠ）
  例：エコマーク、ブルーエンジェル
- 単一目的の環境ラベル　例：グリーンマーク
- リサイクル目的のラベル
  例：飲料缶や合成樹脂の素材表示ラベル
- 行政の環境ラベル　例：エコショップ表示
- その他の環境ラベル　例：警告表示ラベル

＜第三者認証環境ラベル＞　＜単一目的環境ラベル＞

エコマーク（日本）　　グリーンマーク

＜リサイクル目的環境ラベル＞

ペットボトル　スチール缶　アルミ缶

4-8 製品評価としてライフサイクルアセスメント規格がある

ISO14040 環境マネジメント—ライフサイクルアセスメント — 原則及び枠組み

この規格は、ライフサイクルアセスメント（LCA）調査を実施及び報告する上での一般的な枠組み、原則及び要求事項を規定しています。

この規格は、ライフサイクルアセスメントの技法の詳細を記述するものではありません。

ISO14044 環境マネジメント — ライフサイクルアセスメント — 要求事項及び指針

ライフサイクルアセスメント（LCA）のスコープと目標の定義のライフサイクルインベントリ分析（LCI）段階、ライフサイクル影響評価（LCIA）段階、ライフサイクル解釈、LCAのレポート及び重要なレビューを規定しています。

ISO14045 環境マネジメント — 製品システムの環境効率評価

製品システムの環境効率評価のためのガイドラインとして、次の事項が規定されています。
(1) エコ効率評価の目的及び定義　(2) 環境アセスメント　(3) 製品システム値評価
(4) エコ効率の定量化　(5) 解釈（品質保証を含む）　(6) 報告　(7) エコ効率評価のレビュー

ISO14047 環境マネジメント — ライフサイクルアセスメントインパクトアセスメントへのISO14044の適用事例

ISO14044によるライフサイクルアセスメントの規定を満たすことができる例が示されており、LCAのライフサイクル影響評価（LCIA）フェーズの主な要素を反映しています。

ISO/TS14048 環境マネジメント — ライフサイクルアセスメント — データ記述書式

この標準仕様書は、ライフサイクルアセスメント及びライフサイクルインベントリデータについて透明性があり、あいまいでない記述及び交換のためのデータ記述書式に関する要件と構造を提供します。

ISO/TR14049 環境マネジメント —ライフサイクルアセスメント — 目的及び調査範囲の設定並びにインベントリ分析のJISQ14041に関する適用事例

この標準情報は、ISO14041の規定のいくつかについて、それらを満たしたライフサイクルインベントリ分析を実施するための事例を提供するものです。これらの事例は、規格の規定を満たすことができる多くの事例のごく一部です。

4-9 ISO14050規格は環境関連用語の定義を示す

■ISO14050は用語の定義の規格である

　ISO14050規格は、ISO14000シリーズ規格（4-2項参照）において公表されている環境マネジメントに関する用語を定義しています。

■なぜ、環境マネジメント用語を定義するのか

　ISO14000シリーズ規格は、国際規格ですから、各国で利用する際に、規格に示されている用語の解釈が、国によって異なりますと、運用が違ったものになります。

　また、同じ国でも業種によって用語の解釈が異なっても、その運用は違ってしまいます。

　そこで、国及び業種が異なっても、使用されている用語を定義することによって、ISO14000シリーズ規格に対し、共通の理解を深めることを目的として、ISO14050規格は制定されています。

■ISO14001の解釈は用語の定義に従う

　特に、組織の認証／登録の基準となるISO14001規格の要求事項を理解するに際しては、示されている用語は、ISO14050規格の解釈に従うことです。ISO14001規格箇条3にも用語の定義は規定されています。

　というのは、組織はISO14001規格に適合した環境マネジメントシステムを構築し運用する必要があるからです。認証機関の審査における要求事項の適合・不適合の判定も用語については、ISO14050によって行われます。

■ISO14050は次の用語を定義している
- 環境マネジメントに関する一般用語
- 環境マネジメントシステム関連用語
- 妥当性確認、検証及び監査関連用語
- 製品システム関連用語
- ライフサイクルアセスメント関連用語
- 監査ラベル及び環境宣言並びに環境コミュニケーション関連用語

第5章

ISO14001規格は附属書SLが適用されている

　この章では、ISO14001規格だけでなく、すべてのISOマネジメントシステム規格に適用される「附属書SL」とは、どういうものか理解してもらいます。

(1) なぜ、附属書SLが作成されたのか、その背景を知りましょう。
(2) 附属書SLとは、「ISO/IEC専門業務用指針・第1部・統合版ISO補足指針─ISO専門手順」の附属書をいいます。
(3) 附属書SLは、ISOマネジメントシステム規格構成の共通化、共通部分のテキストの共通化、共通用語及び定義の共通化を図ることを目的にしています。
(4) 附属書SLの構成、整合化のビジョン、上位構造、共通テキスト、共通用語及び定義について記してあります。
(5) 附属書SLは、すべてのISOマネジメントシステム規格の新規作成又は既存規格改正の際には、適用することが義務づけられています。

5-1 「附属書SL」が作成された背景を知る

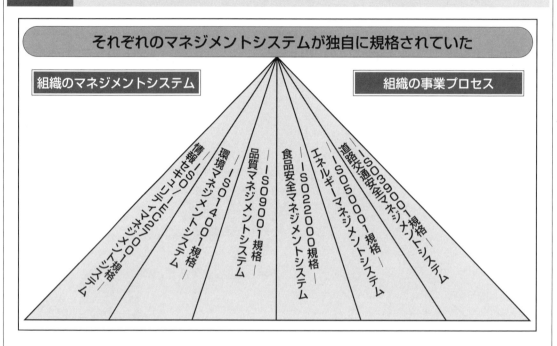

■「附属書SL」が作成された背景
- ISOマネジメントシステム規格は、品質マネジメントシステム、環境マネジメントシステム、情報セキュリティマネジメントシステム、食品安全マネジメントシステム、エネルギーマネジメントシステムなど多くの規格がそれぞれのテーマごとに独立して規格化されてきました。
- その結果、テーマごとに規格の箇条構成が異なり、基本は同じようなマネジメントシステム要素でも、異なる表現がされておりました。
- そのため、組織は各テーマごとのマネジメントシステムに個別に対応することになり、マネジメントシステムの横断的な取り組みが難しいことが顕在化してきました。
- 組織のマネジメントシステムは、目的別の要素を織り込みながら、全体として一つのマネジメントシステムで運用されております。
- しかし、それぞれの認証審査に対応するには、目的別に規定されたマネジメントシステム規格に合せて、マネジメントシステムを構築し運用することになりかねません。
- そこで、マネジメントシステムで共通化できるところは、共通化しようと、規格構成の共通化、共通部分のテキストの共通化、共通用語及び定義の共通化を図るために作成されたのが、「附属書SL（ANNEX SL）」と通称される整合化指針です。

■「附属書SL」はどこで規定されているか
- 「附属書SL」は、「ISO/IEC専門業務指針 第1部 統合版ISO補足指針―ISO専門手順」の附属書の中のSL項「マネジメントシステム規格の提案」として、規定されています。
- この附属書のSL項が、「附属書SL」又は「ANNEX SL」といわれています。
- SLとは、「ISO/IEC専門業務指針 第1部」のS（S：Supplement）で始まる附属書項番のアルファベットのL番目ということですので、「SL」に、特別の意味はありません。

5-2 マネジメントシステム規格は「附属書SL」に基づき作成する

「附属書SL」はマネジメントシステムの共通化を図る整合化指針である

```
                    ●ISO9001規格
                    品質マネジメントシステム
                    [ 品質分野
                      固有要求事項 ]

●ISO/IEC27001規格                              ●ISO22000規格
情報セキュリティマネジメントシステム    附属書SL        食品安全マネジメントシステム
                           共通要求事項
[ 情報セキュリティ分野    [ 箇条タイトル・その順序 ]    [ 食品安全分野
  固有要求事項 ]           テキストと用語・定義          固有要求事項 ]

                    [ 環境分野
                      固有要求事項 ]
                    環境マネジメントシステム
                    ●ISO14001規格
```

■「附属書SL」の目的は何か
- 附属書SLの目的は、合意形成され、統一された**上位構造、共通の中核となるテキスト**、並びに**共通用語及び定義**を示すことによって、すべてのISOマネジメントシステム規格の一貫性及び整合性を向上させ、両立性を図ることにあります。

■「附属書SL」適用の義務
- 今後、新規に制定される、すべてのISOマネジメントシステム規格及び既存のISOマネジメントシステム規格を改正する際は、原則として附属書SLに規定されている、ISOマネジメントシステムの上位構造、共通の中核となるテキスト、共通用語及び定義に基づいて作成することが義務づけられています。
- 個別のマネジメントシステム規格には、必要に応じて、分野固有の要求事項を追記することが認められています。
- 分野固有には、マネジメントシステム規格で扱う具体的分野である、品質、環境、情報セキュリティ、食品安全などがあります。

■規格整合化のビジョン
- ISOマネジメントシステム規格は、次の事項の一致の促進を通して、整合化のためのビジョンとしています。
  ○箇条タイトル　　○箇条タイトルの順序
  ○テキスト　　　　○用語及び定義
- ISOマネジメントシステム規格間の相違は個々の適用分野の運営管理において、特別な相違が必要とされる部分についてのみ認められます。

■「附属書SL」による整合化のメリット
- 附属書SLは、複数のマネジメントシステムの要求事項を同時に満たす単一のマネジメントシステムとしての**統合マネジメントシステム**を運用することを選択した組織にとっては、特に有益であるといえます。

5-3 「附属書SL」はどのような構成になっているか

附属書SL「マネジメントシステム規格の提案」の構成

SL.1 一般	Appendix 1 妥当性の判断基準となる質問事項
SL.2 妥当性評価を提出する義務	
SL.3 妥当性評価が提出されない場合	Appendix 2 上位構造、共通の中核となるテキスト、共通用語及び中核となる定義
SL.4 附属書SLの適用性	
SL.5 用語及び定義	
SL.6 一般原則	Appendix 3 上位構造、共通の中核となるテキスト、並びに共通用語及び中核となる定義に関する手引
SL.7 妥当性評価プロセス及び基準	
SL.8 MSSの開発プロセス及び構成に関する手引	
SL.9 マネジメントシステム規格における利用のための上位構造、共通の中核となるテキスト並びに共通用語及び中核となる定義	

■「附属書SL」はどう構成されているか
- 附属書SL「マネジメントシステム規格の提案」は、1章から9章までの本文と、三つのAppendix(別添文書)から構成されています。
- 附属書SLの本文の内容は、次のとおりです。
○ 1章から5章には、マネジメントシステム規格の妥当性評価の実施の義務、附属書SLで用いる主な用語及び定義が規定されています。
○ 6章には、妥当性評価の準備のための一般原則が、そして7章では、妥当性評価の基準が規定されています。
○ 8章では、マネジメントシステム規格の開発プロセスが規定されております。
○ 9章では、マネジメントシステム規格における利用のための**上位構造**(構造とは箇条の順序をいう)共通の中核となる**テキスト**、並びに**共通用語**及び**定義**が規定されています。
○ そして、9章で全ての新規のマネジメントシステム規格の開発及び既存のマネジメントシステム規格を改正する際は、Appendix 2に具体的に示されている上位構造、共通の中核となるテキスト、並びに共通用語及び定義に従うことが求められています。
上位構造及び共通テキストのどの箇所にでも、分野固有の事項を追記することができます。

■三つのAppendix
- Appendix 1は、妥当性の判定基準となる質問項目(例:下記)が記してあります。
○マネジメントシステムの基本事項
○市場適合性　○両立性　○柔軟性
- Appendix 2は、上位構造、共通テキスト、共通用語及び定義が記されています。
- Appendix 3は、上位構造、共通テキスト、共通用語及び定義に関する手引が記されています。
- 特に記載のない限り「附属書SL」という用語が使われている場合は、附属書SLの本文の9章、Appendix 2及びAppendix 3を指します。

5-4 「附属書SL」の「上位構造」と「共通テキスト」の構成

附属書SL「マネジメントシステム規格の提案」の構成

```
0. 序文                              7. 支援
1. 適用範囲                           7.1 資源
2. 引用規格                           7.2 力量
3. 用語及び定義                       7.3 認識
4. 組織の状況                         7.4 コミュニケーション
   4.1 組織及びその状況の理解         7.5 文書化した情報
   4.2 利害関係者のニーズ及び期待の理解     7.5.1 一般
   4.3 XXXマネジメントシステムの適用        7.5.2 作成及び更新
       範囲の決定                           7.5.3 文書化した情報の管理
   4.4 XXXマネジメントシステム        8. 運用
5. リーダーシップ                        8.1 運用の計画及び管理
   5.1 リーダーシップ及びコミットメント  9. パフォーマンス評価
   5.2 方針                              9.1 監視、測定、分析及び評価
   5.3 組織の役割、責任及び権限          9.2 内部監査
6. 計画                                  9.3 マネジメントレビュー
   6.1 リスク及び機会への取組み       10. 改善
   6.2 XXX目的及びそれを達成するため     10.1 不適合及び是正処置
       の計画策定                       10.2 継続的改善
```

■マネジメントシステムの「上位構造」

- ISOマネジメントシステム規格の整合性を確保するために、ISOマネジメントシステム規格は、次のような箇条構成とするよう規定されており、これを上位構造（High Level Structure：HLS）といいます。
- ○箇条1　適用範囲
- ○箇条2　引用規格
- ○箇条3　用語及び定義
- ○箇条4　組織の状況
- ○箇条5　リーダーシップ
- ○箇条6　計画
- ○箇条7　支援
- ○箇条8　運用
- ○箇条9　パフォーマンス評価
- ○箇条10　改善
- 上位構造には、箇条1から箇条10までの箇条及び題名が決められた順序で、規定されています。

■共通の中核となるテキストの構成

- 共通の中核となるテキストには、上位構造に対して、番号を付した細分箇条及び題名、並びにその細分箇条の条文が記載されています。
- 共通テキスト条文中でXXXと表記してある部分には、マネジメントシステムの分野固有を示す修飾語を挿入する必要があります。
- 修飾語の例としては、品質、環境、情報セキュリティ、食品安全などがあります。
- 共通テキストの構成は、上欄に記載してあります。
- ISO14001規格は、上欄記載の共通テキストの構成に基づいて作成されています。

5-5 附属書SLに規定されている共通用語・定義

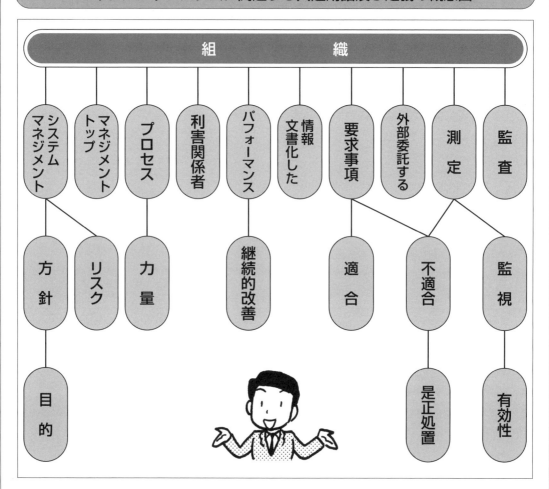

マネジメントシステムに関連する共通用語及び定義の概念図

■「附属書SL」が規定する共通用語及び定義
- **用語**とは、ある固有の対象分野における、一般的概念の言語的名称をいいます。
- **定義**とは、用語ではなく、概念を定義するものをいいます。
- **概念**とは、特性の一意的な組合せによって作られた知識の一つをいいます。
- 「附属書SL」に規定されているマネジメントシステムに関連する共通用語及び定義の概念図を上欄に示します。
- 附属書SLのAppendix 2に、次に示すマネジメントシステムに関連する共通用語及び定義が規定されています。
- ○組織　○利害関係者　○要求事項　○方針
- ○目的　○有効性　○マネジメントシステム
- ○リスク　○力量　○トップマネジメント
- ○文書化した情報　○プロセス　○監視
- ○パフォーマンス　○外部委託する　○測定
- ○監査　○適合　○不適合　○是正処置
- ○継続的改善

第6章

ISO14001規格の要求事項の解釈を知る

　この章では、ISO14001規格の要求事項が解説してあります。

　環境マネジメントシステムの認証／登録を取得・維持するには、ISO14001規格の理解が必要不可欠です。
　そこで、ISO14001規格の環境マネジメントシステムを理解してもらうために、規格構成に従って、各箇条を65（テーマ番号6-1～6-65項）のテーマに区分し、すべての各箇条ページの上欄に、絵と図で完全図解し"絵と図を見ただけでも内容がわかるように工夫"し、解説してあります。
　ページ構成としては、テーマ番号の次に規格の箇条番号、箇条細分番号が記してあり、その内容が容易に理解できるように、サブ表題を併記してあります。
　解説文は、規格原文をその関連する事項とともに、平易な言葉で示してあります。
　また、記載してある用語の定義は、JIS Q 14001：2015の箇条3の「用語及び定義」を引用しています。

6-1 ISO14001：2015規格 環境マネジメントシステム ―要求事項及び利用の手引

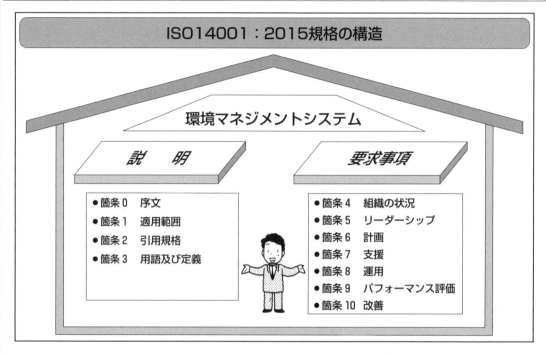

■ISO14001規格は11箇条で構成される

この章では、ISO14001規格を基に、技術的内容及び構成を変更することなく作成された、日本工業規格JIS Q 14001：2015規格を解説いたします。

ISO14001（JIS Q 14001）規格は、序文を含め次の11の箇条から構成されています。

- 箇条0 "**序文**"、箇条1 "**適用範囲**"、箇条2 "**引用規格**"、箇条3 "**用語及び定義**" ここまでは要求事項ではなく説明です。箇条4 "**組織の状況**"、箇条5 "**リーダーシップ**"、箇条6 "**計画**"、箇条7 "**支援**"、箇条8 "**運用**"、箇条9 "**パフォーマンス評価**"、箇条10 "**改善**" が要求事項です。
- 規格の附属書Aに "**この規格の利用の手引**" があり、これは規格に規定される要求事項の誤った解釈を防ぐことを目的としており、規格の要求事項と対応し整合しております。

■「附属書SL」に基づき作成されている

ISO14001：2015規格は、規格構造（箇条タイトルとその順序）、要求事項、用語及び定義が、「**附属書SL**」（第5章参照）に基づいて作成されています。

■ISO14001規格の特徴

ISO14001：2015規格の特徴として、次の事項が挙げられます。
- 戦略的な環境管理
- 事業プロセスへの環境システムの統合
- トップマネジメントのリーダーシップ強化
- 環境保護対象の拡大
- 環境パフォーマンスの改善重視
- 順守義務の管理強化
- 内部・外部コミュニケーション計画策定
- ライフサイクル思考
- プロセスの概念の導入
- 電子化を想定した文書化した情報

6-2 ISO14001：2015規格の構造を知る

ISO14001：2015規格を構成する11箇条（序文を含む）

箇条		細分箇条		箇条		細分箇条	
0	序文	0.1	背景	5	リーダーシップ	5.1	リーダーシップ及びコミットメント
		0.2	環境マネジメントシステムの狙い			5.2	環境方針
		0.3	成功のための要因			5.3	組織の役割、責任及び権限
		0.4	Plan-Do-Check-Actモデル	6	計画	6.1	リスク及び機会への取組み
		0.5	この規格の内容			6.2	環境目標及びそれを達成するための計画策定
1		適用範囲		7	支援	7.1	資源
2		引用規格				7.2	力量
3	用語及び定義	3.1	組織及びリーダーシップに関する用語			7.3	認識
		3.2	計画に関する用語			7.4	コミュニケーション
		3.3	支援及び運用に関する用語	8	運用	8.1	運用の計画及び管理
		3.4	パフォーマンス評価及び改善に関する用語			8.2	緊急事態への準備及び対応
4	組織の状況	4.1	組織及びその状況の理解	9	パフォーマンス評価	9.1	監視、測定、分析及び評価
		4.2	利害関係者のニーズ及び期待の理解			9.2	内部監査
		4.3	環境マネジメントシステムの適用範囲の決定			9.3	マネジメントレビュー
		4.4	環境マネジメントシステム	10	改善	10.1	一般
						10.2	不適合及び是正処置
						10.3	継続的改善
				附属書A（参考）			
				附属書B（参考）			

（左側 0〜3：説明、4：要求事項／右側 5〜10：要求事項）

6-3 0 序文
0.1 背景

持続可能な開発の三本柱

環境マネジメントの採用

■**環境は持続可能な開発の三本柱の一つである**

持続可能な開発の条件である"将来の世代の人々が自らのニーズを満たす能力を損うことなく、現在の世代のニーズを満たす"ために、環境、社会及び経済のバランスを実現することが不可欠と考えられています。

到達点として持続可能な開発は、持続可能性の**環境、社会及び経済**の"三本柱"のバランスをとることによって達成されます。

- **持続可能性**とは、"生物的なシステムが、その多様性と生産性を期限なく継続できる能力"をいいます。

■**環境に対する社会の期待が高まっている**

厳格化が進む法律、汚染による環境への負荷の増大、資源の非効率的な使用、不適切な廃棄物管理、気候変動、生態系の劣化及び生物多様性の喪失に伴い、持続可能な開発、透明性及び説明責任に対する社会の期待は高まっています。

- **環境負荷**とは、環境基本法では、"人的に発生する環境保全上の支障の原因となるおそれのあるもの"をいいます。
- **廃棄物管理**とは、"健康被害や環境影響を防ぐために、適した廃棄物発生抑制、再資源化、最終処分などの統一的活動"をいいます。
- **気候変動**とは、"地球温暖化とその影響を包括"していいます。
- **生物多様性**とは、"生きものの豊かな個性とつながり"のことで、生態系の多様性、種の多様性、遺伝子の多様性があります。

■**環境マネジメントの体系的なアプローチ採用**

組織は、持続可能性の"環境の柱"に寄与することを目指して、環境マネジメントシステムを実施することによって環境マネジメントのための体系的なアプローチを採用するようになってきています。

6-4　0.2　環境マネジメントシステムの狙い
環境保護と変化する環境状態への枠組みを提供する

環境マネジメント実施によりトップマネジメントに提供できる事項

- 環境を保護する
  —有害な環境影響を防止又は緩和—
- 環境が組織に与える有害な影響を緩和する
  —組織に対する環境状態から生じる潜在的影響—
- 順守義務を満たすことを支援する
- 環境パフォーマンスを向上させる
- 環境情報を関連する利害関係者に伝達する
- ライフサイクル内での環境影響の移行を防ぐ方法を管理する
  —例：外部委託により組織の環境負荷を減らしても、委託先で生じるので変わらない—
- 市場における組織の位置付けを強化する
- 環境にも健全な代替策を実施することで財政上及び運用上の便益を実現する

■ISO14001規格の目的

ISO14001規格の目的は、社会経済的ニーズとバランスをとりながら、環境を保護し、変化する環境状態に対応するための枠組みを組織に提供することです。

ISO14001規格は、組織が環境マネジメントシステムに関して設定する"**意図した成果を達成する**"ことを可能にする要求事項を規定しています。

■トップマネジメントに提供できる事項

環境マネジメントのための体系的なアプローチは、次の事項によって、持続可能な開発に寄与することについて、長期的な成功を築き、選択肢を作り出すための情報をトップマネジメントに提供することができます。

- 有害な環境影響を防止又は緩和することによって、環境を保護する。
- 組織に対する、環境状態から生じる潜在的で有害な影響を緩和する。
- 組織が順守義務を満たすことを支援する。
- 環境パフォーマンスを向上させる。
- 環境影響が意図せずにライフサイクル内の他の部分に移行するのを防ぐことができるライフサイクルの視点を用いることによって、組織の製品及びサービスの設計、製造、流通、消費及び廃棄の方法を管理するか、又はこの方法に影響を及ぼす。
- 市場における組織の位置付けを強化し、かつ、環境にも健全な代替策を実施することで、財務上及び運用上の便益を実現する。
- 環境情報を、関連する利害関係者に伝達する。

ISO14001規格は、他の規格と同様に、組織の法的要求事項を増大又は変更することを意図しておりません。

6-5 0.3 成功のための要因
成功はトップマネジメントが主導する

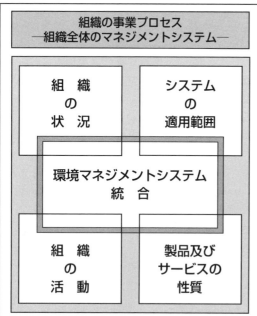

■成功はトップマネジメントが主導する

　環境マネジメントシステムの成功は、トップマネジメントの主導のもと、組織のすべての階層及び機能からのコミットメント（関与）にかかっています。

■有益な環境影響を増大させる機会

　組織は、有害な環境影響を防止又は緩和し、有益な環境影響を増大させるような機会、中でも戦略及び競争力に関連のある機会を活用することができます。

■環境マネジメントを事業プロセスに統合

　トップマネジメントは、他の事業上の優先事項と整合させながら、環境マネジメントを組織の事業プロセス、戦略的な方向性及び意思決定に統合し、環境上のガバナンス（統治システム）を組織の全体的なマネジメントシステムに組み込むことによって、リスク及び機会に効果的に取り込むことができます。しかし、この規格の採用そのものが最適な環境上の成果を保証するわけではなく、採用後の継続的改善が不可欠といえます。

■環境マネジメントは組織により異なる

　この規格の適用は、組織の状況によって、各組織で異なります。二つの組織が、同様の活動を行っていながら、それぞれの順守義務、環境方針におけるコミットメント（約束）、環境技術及び環境パフォーマンスの到達点が異なる場合であっても、共にこの規格の要求事項に適合することがあります。

　環境マネジメントシステムの詳細さ及び複雑さのレベルは、組織の状況、環境マネジメントシステムの適用範囲、順守義務、並びに組織の活動、製品及びサービスの性質（これらの環境側面及びそれに伴う環境影響も含む）によって異なります。

6-6 0.4 Plan-Do-Check-Act モデル
ISO14001規格はPDCAモデルに基づき構成されている

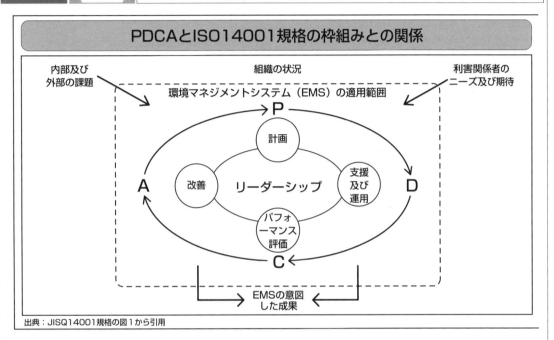

出典：JISQ14001規格の図1から引用

■規格の構成はPDCAモデルに基づく

環境マネジメントシステムの根底にあるアプローチの基礎は、ディミングによって広まったシューハートのPlan-Do-Check-Act、一般にPDCAモデルで知られる方法論の概念に基づいています。

- PDCAモデルは、継続的改善を達成するために組織が用いる反復的なプロセスを示しています。
- PDCAモデルは、環境マネジメントシステムにも、その個々の要素の各々にも適用できます。

■PDCAモデルの構成

- Plan（計画）組織の環境方針に沿った結果を出すために必要な環境目標及びプロセスを確立する。
- Do（実施）計画どおりにプロセスを実施する。
- Check（チェック）コミットメントを含む環境方針、環境目標及び運用基準に照らして、プロセスを監視し、測定し、その結果を報告する
- Act（処置）継続的に改善するための処置をとる。

■PDCAモデルのISO14001への適用

上図は、ISO14001規格に導入された枠組みが、どのようにPDCAモデルに統合されるか示しており、規格利用者がシステムアプローチの重要性を理解する助けとなります。

- 上図は、環境マネジメントシステム全体で、トップマネジメントの関与とリーダーシップを求めていることを示しております。
- 上図で、Planは箇条6「計画」、Doは箇条7「支援」・箇条8「運用」、Checkは箇条9「パフォーマンス評価」、Actは、箇条10「改善」となっています。

6-7　0.5　この規格の内容
ISO14001規格は「附属書SL」を適用している

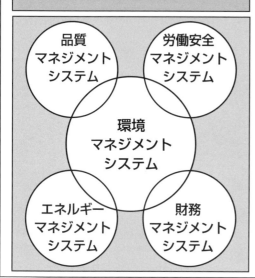

■ISO14001規格は「附属書SL」を適用

　ISO14001規格は、国際標準化機構（ISO）が、複数のISOマネジメントシステム規格を実施する利用者の便益のために作成した「**附属書SL**」（第5章参照）に基づいており、その上位構造、共通の中核となるテキスト（要求事項）、そして共通用語及び定義を含んでおります。

■他のマネジメントシステムとの統合

　ISO14001規格には、品質マネジメント、労働安全衛生マネジメント、エネルギーマネジメント、財務マネジメントなどの他のマネジメントシステムに固有な要求事項は含まれておりません。

　しかし、ISO14001規格は、組織が環境マネジメントシステムを他のマネジメントシステムの要求事項に統合するために共通のアプローチ及びリスクに基づく考え方を用いることができるようにしております。

　他のマネジメントシステムも「附属書SL」に基づいているので、箇条タイトルとその順序、共通の中核となるテキストを用いているので、統合は容易化されております。

■規格への適合に対する四つの実証

　規格への適合を次の方法で実証できます。
- 組織が適合を自分で決定し、自己宣言する
自己宣言とは、組織がISO14001規格に適合した環境マネジメントシステムを構築し、自らISO14001規格への適合性を判定し、それを利害関係者や社会に宣言することです。
- 組織の自己宣言を組織外部の人又はグループによって確認してもらうことです。
- ISO14001規格への適合を、組織に対して利害関係をもつ人又はグループ、例えば顧客に確認してもらうことです。
- 外部機関（認証機関）による環境マネジメントシステムの認証・登録を求めることです。

6-8 ① 適用範囲
環境マネジメントシステムの要求事項を規定する

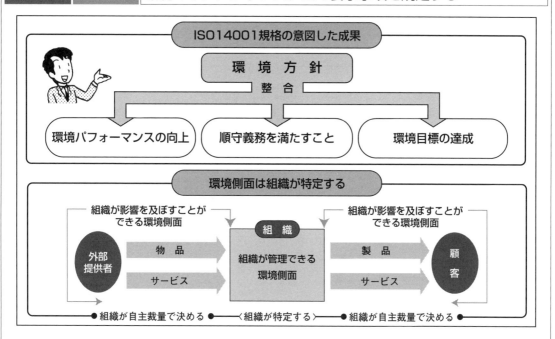

■ISO14001規格の位置付け

　ISO14001規格は、組織が環境パフォーマンスを向上させるために用いることができる"**環境マネジメントシステムの要求事項**"について規定しています。

　この規格は、持続可能性の"三本柱"の一つである"**環境の柱**"に寄与するような体系的な方法で組織の環境責任をマネジメントしようとする組織によって用いられます。

　この規格は、環境マネジメントシステムの意図した成果を達成し、組織自身及び利害関係者に価値をもたらします。

■ISO14001規格の意図した成果

　ISO14001規格の環境マネジメントシステムの"**意図した成果**"とは、組織の環境方針に整合して、次の三つの項目をいいます。
- 環境パフォーマンスの向上
- 順守義務を満たすこと
- 環境目標の達成

■どのような組織にも適用できる

　ISO14001規格は、規模、業種、形態及び性質を問わず、どのような組織にも適用でき、いろいろな地理的、文化的及び社会的条件に適応するようになっています。

■組織が特定する環境側面に適用する

　ISO14001規格は、組織がライフサイクルの視点を考慮して、組織が管理することができる又は管理できないが組織が影響を及ぼすことができる組織の活動、製品及びサービスの**環境側面**に適用します。

■ISO14001規格への適合の条件

　ISO14001規格への適合は、組織が定めた適用範囲において、全ての要求事項が除外されることなく組織の環境マネジメントシステムに組み込まれ、満たされていない限り認められません。

6-9
2 引用規格—この規格には引用規格はない
3 用語及び定義 —その1—

概念区分		用語	概念区分		用語
組織及びリーダーシップの用語	3.1.1	マネジメントシステム	支援及び運用の用語	3.3.1	力量
	3.1.2	環境マネジメントシステム		3.3.2	文書化した情報
	3.1.3	環境方針		3.3.3	ライフサイクル
	3.1.4	組織		3.3.4	外部委託する
	3.1.5	トップマネジメント		3.3.5	プロセス
	3.1.6	利害関係者	パフォーマンス評価及び改善の用語	3.4.1	監査
計画の用語	3.2.1	環境		3.4.2	適合
	3.2.2	環境側面		3.4.3	不適合
	3.2.3	環境状態		3.4.4	是正処置
	3.2.4	環境影響		3.4.5	継続的改善
	3.2.5	目的、目標		3.4.6	有効性
	3.2.6	環境目標		3.4.7	指標
	3.2.7	汚染の予防		3.4.8	監視
	3.2.8	要求事項		3.4.9	測定
	3.2.9	順守義務		3.4.10	パフォーマンス
	3.2.10	リスク		3.4.11	環境パフォーマンス
	3.2.11	リスク及び機会			

■用語の定義が必要なわけ

ISO14001規格を解釈する際に、どこの国でも、また、どの業種でも同じ解釈ができるように、規格に用いられている用語が定義されております。

■用語の定義はISO14001規格の一部である

用語の定義は、ISO14001規格の箇条3に規定されていますので、当然規格の一部です。
したがって、規格を読むときは、勝手に解釈せずに用語の定義に基づいて理解することが求められています。

■用語及び定義とは
● **用語**とは、"ある固有の対象分野における一般的概念の言語の名称"をいいます。
● **定義**とは、"一つの概念の意味をはっきりと決めることで、関連する概念と区別できるような説明的な記述による概念の表記"をいいます。
● **概念**とは、"特性の一意的な組合せによって作られる知識の一つ"をいいます。

■組織では規格の用語に置き換えなくてもよい

組織が環境マネジメントシステムの要求事項を規定するために使用する用語は、箇条3で規定されている用語に必ずしも置き換えなくてもよいです。
● 例えば、"文書化した情報"ではなく、"文書類"又は"記録"を用いてよいことです。

■規格に定義されている用語

ISO14001規格の箇条3では、33の用語が定義されています。
用語は、概念の階層に従って、次の四つの概念区分となっております。
● 組織及びリーダーシップに関する用語
● 計画に関する用語
● 支援及び運用に関する用語
● パフォーマンス評価及び改善に関する用語

6-10 ③ 用語及び定義 —その２—
用語の定義の例

環境

- 環境とは、大気、水、土地、天然資源、植物、動物、人及びそれらの相互関係を含む、組織の活動をとりまくものをいう。

  ＜参考＞ ここでいう"とりまくもの"とは、組織内から、近隣地域、地方及び地球規模のシステムにまで広がり得る。

環境マネジメントシステム

- 環境マネジメントシステムとは、マネジメントシステムの一部で、環境側面をマネジメントし、順守義務を満たし、リスク及び機会に取り組むために用いられるものをいう。

  ＜参考＞ マネジメントシステムは、方針、目的及びその目的を達成するためのプロセスを確立するための、相互に関連する又は相互に作用する、組織の一連の要素をいう。

環境方針

- 環境方針とは、トップマネジメントによって正式に表明された、環境パフォーマンスに関する組織の意図及び方向付けをいう。

  ＜参考＞ 環境方針は、行動のための枠組み、並びに環境目標を設定するための枠組みを提供する。

環境目標

- 環境目標とは、組織が設定する、環境方針と整合のとれた目標をいう。

  ＜参考＞ 目標とは、達成する結果をいう。

環境影響

- 環境影響とは、有害か有益かを問わず、全体的に又は部分的に組織の環境側面から生じる、環境に対する変化をいう。

環境パフォーマンス

- 環境パフォーマンスとは、環境側面のマネジメントに関連するパフォーマンス（測定可能な結果）をいう。

  ＜参考＞ 環境マネジメントシステムでは、結果は、組織の環境方針、環境目標又はその他の基準に対して、指標を用いて測定可能である。

6-11 4 組織の状況
4.1 組織及びその状況の理解

組織及びその状況の理解

- 組織の目的 —関連する→
- 意図した成果達成の組織の能力 —影響を与える→

↓

組織の外部・内部の課題 決定

↑（含める）

環境状態
- 組織が環境に影響を与える環境状態
- 環境が組織に影響を与える可能性のある環境状態

外部及び内部の課題〔例〕
—JISQ14001：2015　附属書A.4.1（参考）—

〈外部の課題〉
a) 気候、大気の質、水質、土地利用、既存の汚染、天然資源の利用可能性及び生物多様性に関連した環境状態で、組織の目的に影響を与える可能性のある、又は環境側面によって影響を受ける可能性のあるもの
b) 国際、国内、地方又は近隣地域を問わず、外部の文化、社会、政治、法律、規制、金融、技術、経済、自然及び競争の状況

〈内部の課題〉
c) 組織の活動、製品及びサービス、戦略的な方向性、文化、能力（すなわち、人々、知識、プロセス又はシステム）などの、組織の内部の特性又は状況

■箇条4の要求事項の構成

　箇条4「組織の状況」では、環境マネジメントシステムの計画に際し、箇条4.1で組織の外部、内部の課題を決定し、また、箇条4.2で利害関係者とそのニーズ・期待を決定して、これらの理解に基づいて、箇条4.3で組織の環境マネジメントシステムの適用範囲を決定します。

　箇条4.4で環境マネジメントシステムを確立し、実施し、維持し、継続的に改善します。

■組織の状況とは

　組織の状況とは、"組織がその目標設定及び達成に向けて取るアプローチに影響を及ぼし得る、外部及び内部の課題"をいいます。

■組織及びその状況の理解

　組織は、組織の目的に関連し、かつ、その環境マネジメントシステムの意図した成果を達成する組織の能力に影響を与える、外部及び内部の課題を決定しなければなりません。

　課題には組織から影響を受ける、又は組織に影響を与える可能性がある環境状態を含めます。

- **組織の目的**とは、"組織が社会に存在する意義"をいい、ビジョン、使命などで表現され、組織が事業を行っている目的をいいます。
- **環境マネジメントシステムの意図した成果**とは、"環境パフォーマンスの向上""順守義務を満たすこと""環境目標の達成"に加えて、組織が決めた成果をいいます。
- **課題**とは、"組織にとって重要な話題、討議及び議論のための問題、又は意図した成果を達成する組織の能力に影響を与える変化している周囲の状況"をいいます。
- 課題には、組織が環境に与える環境状態と環境が組織に影響を与える可能性のある環境状態が含まれます。
- **環境状態**とは"ある特定の時点において決定される環境の様相又は特性"をいいます。

6-12 　4.2　利害関係者のニーズ及び期待の理解
利害関係者と順守義務を含むニーズ・期待を決定する

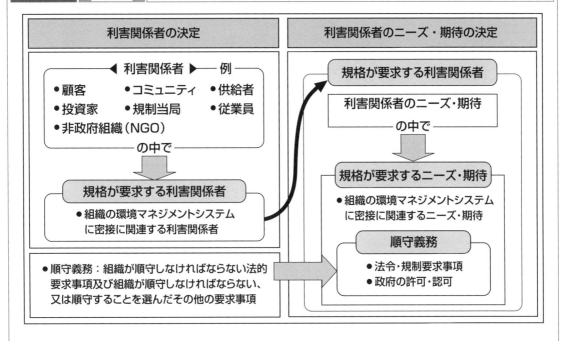

■**利害関係者を決定する**

　組織は、環境マネジメントシステムを確立し、実施するに際して、組織の目的及び意図した成果を達成するために、環境マネジメントシステムに密接に関連する利害関係者を決定しなければなりません。

- **利害関係者**とは、"ある決定事項若しくは活動に影響を与え得るか、その影響を受け得るか、又はその影響を受けると認識している個人又は組織"をいいます。
- 環境マネジメントシステムの実施に関連する利害関係者には、顧客、コミュニティ、供給者、規制当局、非政府組織（NGO）、投資家、従業員などが該当します。
- **コミュニティ**とは、"居住地域を同じくし、利害をともにする共同社会である町村・都市など及びその人々"をいいます。

■**利害関係者のニーズ及び期待を決定する**

　組織は、決定した利害関係者の組織の環境マネジメントシステムに対するニーズ及び期待、すなわち要求事項を決定し、それを理解しなければなりません。

　理解した利害関係者のニーズ及び期待のすべてを満たすのではなく、その中で組織の目的及び意図した成果の達成に密接に関連するニーズ及び期待を決定します。

■**順守義務となるニーズ・期待を決定する**

　組織は密接に関連すると決定したニーズ・期待の中から、順守しなければならない、又は順守することを選ぶもの、即ち組織の**順守義務**となるものを決定しなければなりません。

　順守義務には、法令、規制、許可及び認可など強制的なニーズ・期待が含まれます。

　その他のニーズ・期待について、組織が自発的に合意又は採用すると決定したものは、組織の要求事項、即ち順守義務になります。

　例えば、組織及び業界の標準、契約関係、行動規範、NGOとの合意などです。

6-13 4.3 環境マネジメントシステムの適用範囲の決定 ーその1ー
適用範囲を決定する

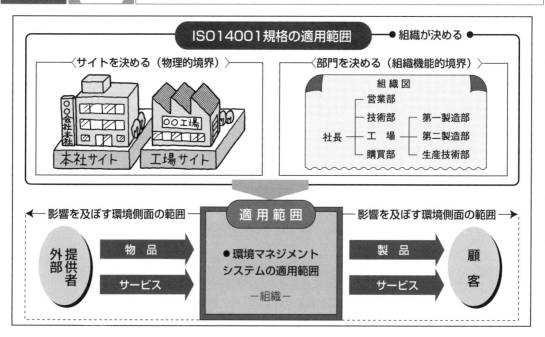

■適用範囲の決定

組織は、環境マネジメントシステムの適用範囲を定めるために、その境界及び適用可能性を決定しなければなりません。

境界とは、"他から分け隔てる"ことで、境界には環境マネジメントシステムを適用する物理的境界と組織機能的境界とがあります。

適用可能性とは、"環境マネジメントシステムの要求事項の中で、組織の実際の活動には該当しない活動、プロセスがあるか"ということです。

ただし、本箇条にて適用範囲を決定したならば、その適用範囲の中にある組織のすべての活動、製品及びサービスは、環境マネジメントシステムに含まれている必要があると規定されていますので、"**適用範囲内での適用除外はできない**"ということです。

環境マネジメントシステムの適用範囲は、組織の裁量で自主的に決定することができますが組織は、次の事項を考慮して決定します。

■箇条4.1と箇条4.2を考慮

箇条**4.1**「組織及びその状況の理解」のアウトプットとして得た外部及び内部の課題の知識（情報）を考慮し、決定します。

箇条**4.2**「利害関係者のニーズ及び期待の理解」のアウトプットとして得た順守義務の知識（情報）を考慮し、決定します。

■組織の活動、製品及びサービスを考慮

組織の活動には、著しい環境側面をもつ可能性のある活動が含まれ、また、提供する製品及びサービスを考慮し、決定します。

■組織の権限及び能力を考慮

組織は、ライフサイクルの視点から、活動、製品及びサービスに対して管理ができる、また、影響を及ぼすことができる、組織の能力と組織の権限の及ぶ範囲を考慮し、決定します。

6-14　4.3　環境マネジメントシステムの適用範囲の決定 —その2—
適用範囲決定の考慮事項

■組織の単位、機能及び物理的境界を考慮

組織の単位とは"環境マネジメントシステムを適用する組織の範囲"をいいます。

- 組織の適用の範囲としては、ISO14001規格を組織全体で実施するか、組織の特定の事業所単位のトップマネジメントが環境マネジメントシステムを確立する権限をもっておれば、事業所単位で実施するかを考慮して、適用範囲を決定することです。
- 法令・規制要求事項（例：廃棄物管理、公害防止管理、省エネ管理など）が、従来の事業所単位の規制から、組織全体（法人単位）に対する規制に変化しています。したがって、環境マネジメントシステムの実施も、組織全体で取り組み、統括的な管理を行うことが望ましいといえます。

機能とは、"組織の指定された部署によって実施される役割"をいい、環境マネジメントシステムを実施する部門を考慮し、適用範囲を決定するということです。

物理的境界とは、"環境マネジメントシステムが適用される地理的所在地"をいい、つまり組織のサイトを考慮し、決定することです。

■文書化した情報の維持

環境マネジメントシステムの適用範囲は、**文書化した情報として維持し、利害関係者がこれを入手できるようにしなければなりません。**

適用範囲の文書化した情報を維持するとは、事実に基づくもので、環境マネジメントシステムの機能的境界及び物理的境界を記述した文書を作成することです。

ISO14001規格への適合を宣言すると、適用範囲を文書化した情報は、利害関係者が入手できるようにする必要があります。

入手可能にするためには、会社案内、ホームページなどで適用範囲を公開するなどの方法もあります。

規格条文中"**文書化した情報を維持する**"とあるのは、"**文書を作成する**"ことです。

6-15　4.4　環境マネジメントシステム
環境マネジメントシステムの基本要求事項

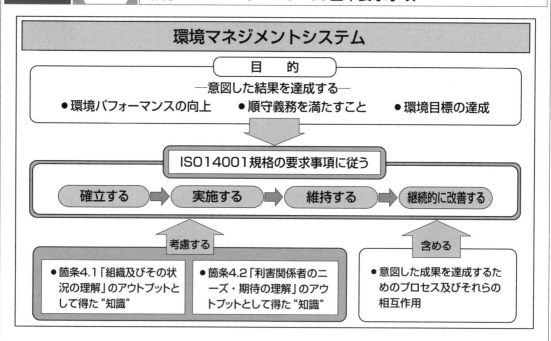

■環境マネジメントシステムの基本要求事項

　組織は、環境パフォーマンスの向上を含む意図した成果を達成することを目的として、ISO14001規格に従って、意図した成果を達成するために必要なプロセスとそれらの相互作用を含む、環境マネジメントシステムを確立し、実施し、維持し、継続的に改善しなければなりません。

　これは、有効な環境マネジメントシステムを構築するために必要な一連のプロセスの作成を求める包括的な要求事項ですので、他の箇条全体にかかわる要求事項といえます。

　したがって、他の箇条で要求されているプロセスは、確立して実施したら完了ではなく、その後にそれを維持、改善を継続して行うということです。

- 環境パフォーマンスとは、"環境側面のマネジメントに関連するパフォーマンス（測定可能な結果）"をいいます。
- 必要なプロセスとは "意図した成果を達成するためのプロセス" で、例えば、順守義務管理、目標管理などのプロセスです。
- 確立するとは、環境マネジメントシステムを実施できるよう準備、構築することです。
- 実施するとは、"構築した環境マネジメントシステムを実際に行う"ことです。
- 維持するとは、"環境マネジメントシステムを同じ状態に保つために処置をとる"ことです。
- 継続的に改善するとは、"結果である環境パフォーマンスを継続的に向上させる"ことです。

■箇条4.1及び箇条4.2で得た知識を考慮

　組織は、環境マネジメントシステムを確立し、維持するとき、箇条4.1「組織及びその状況の理解」及び箇条4.2「利害関係者のニーズ及び期待の理解」のアウトプットとして得た "知識（情報）" を考慮しなければなりません。

6-16 5 リーダーシップ
5.1 リーダーシップ及びコミットメント —その1—

トップマネジメントが自ら関与し実施する事項

説明責任
- 環境マネジメントシステムの有効性の説明責任を負う

継続的改善
- 継続的改善を促進

適合の重要性
- 環境マネジメントシステム要求事項への適合の重要性を伝達

人々を指揮
- 環境マネジメントシステムの有効性に寄与するよう人々を支援

管理層
- 管理層の責任領域におけるリーダーシップの実証を支援

■ **トップマネジメントの責任**

トップマネジメントは、環境マネジメントシステムに関するリーダーシップ及びコミットメント（関与）を実証しなければなりません。

- **トップマネジメント**とは、"最高位で組織を指揮し、管理する個人又は人々の集まり"をいい、組織内で権限を委譲し、資源を提供する力をもっています。
- **リーダーシップ**とは、"目的を明示し、目指す方向を一致させ、組織の人々が目的達成に向かって積極的に参加している状況を作り出す"ことをいいます。
- **実証する**とは、"証拠を示すなどして、トップマネジメントの関与"がわかることです。

トップマネジメントが関与を実証する事項には、トップが自ら実施する事項と、その責任を委任してもよい事項とがあります。

■ **トップが自ら関与し実施する五つの事項**

◎ その1—説明責任

トップマネジメントは、環境マネジメントシステムに説明責任を負うことです。
- **説明責任**とは、"決定及び活動について利害関係者に責任のある説明ができる"ことです。

◎ その2—要求事項適合の重要性伝達

トップマネジメントは、有効な環境に関するマネジメントが重要であり、環境マネジメントシステムの要求事項に適合することが重要であると、組織内に伝達することです。

◎ その3—人々を指揮し、支援する

トップマネジメントは、組織のすべての人々に対して、環境マネジメントシステムの有効性に寄与するよう指揮し、支援することです。

◎ その4—継続的改善を促進する

トップマネジメントは、組織のすべての人々に対して、積極的に継続的改善に取り組むよう各種会議体、マネジメントレビューなどを通して指示し促進することです。

—次頁へつづく—

6-17 5.1 リーダーシップ及びコミットメント ―その２―
トップマネジメントの実証事項

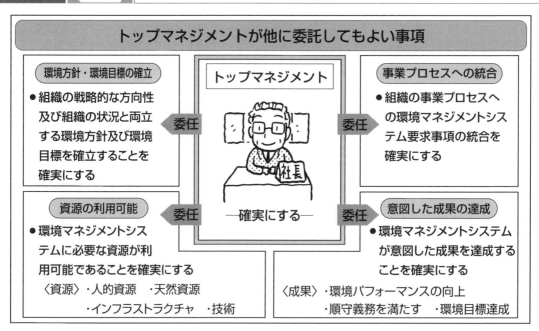

◎その５―管理層のリーダーシップ支援

トップマネジメントは、管理層が環境マネジメントの要求事項の実施、目標の達成に向けて、その責任ある領域においてリーダーシップを実証するよう、管理層の役割を支援することです。

■トップマネジメントが委任可能な四つの事項

◎その１―環境方針・環境目標の確立

トップマネジメントは、組織の戦略的な方向性及び組織の状況と両立する環境方針及び環境目標が確立されるのを確実にすることです。

● **確実にする**とは、"トップマネジメント自らが実行しなくても、その責任を他に委任してもよい"ということです。

● **委任**とは、"委任した事項が確実に実行されることを確認し、それについて最終的に責任をもつとともに説明責任を負う"ことです。

● **戦略的方向性**とは、"中期的な展望"をいいます。

◎その２―事業プロセスへの統合

トップマネジメントは、組織の事業プロセスへの環境マネジメントシステム要求事項の統合を確実にすることです。

組織の事業プロセスは、組織にとって根幹のプロセスですから、その中に環境マネジメントシステムのプロセスを組み込んで運用することです

◎その３―資源の利用可能

トップマネジメントは、環境マネジメントシステムに必要な資源を利用可能であることを確実にすることです。

● **資源**には、人的資源、天然資源、インフラストラクチャ、技術及び資金が含まれます。

◎その４―意図した成果の達成

トップマネジメントは、環境マネジメントシステムが、その意図した成果（環境パフォーマンスの向上、順守義務を満たす、環境目標の達成）の達成を確実にすることです。

6-18 5.2 環境方針 —その1—
環境方針はトップマネジメントが定める

■トップマネジメントは環境方針を定める

トップマネジメントは、組織の環境マネジメントシステムの適用範囲の中で、環境方針を確立し、実施し、維持しなければなりません。

- **環境方針**とは、"トップマネジメントによって正式に表明された、環境パフォーマンスに関する、組織の意図及び方向付け"をいいます。

■環境方針の内容に求められる五つの事項

トップマネジメントは、次の五つの事項を満たす環境方針を確立し、実施し、維持しなければなりません。

◎その1—組織の状況に適切である

環境方針は、組織の目的、並びに組織の活動、製品及びサービスの性質、規模及び環境影響を含む組織の状況に対して適切であることです。

- **組織の目的**とは"組織が事業活動を行っている目的"で、ビジョン、使命などとして表示されます。
- **組織の状況**とは、"箇条4.1「組織及びその状況の理解」及び箇条4.2「利害関係者のニーズ及び期待の理解」で得た知識(情報)をいいます。
- **適切**とは、"目的に対して内容がよくあてはまっている"ことです。

◎その2—環境目標設定の枠組みを示す

環境方針は、環境目標設定のための枠組みを示す内容であることです。

- **枠組み**とは、"環境方針に環境目標を設定すべき対象となる項目・範囲"をいいます。

◎その3—環境保護を約束する

環境方針には、汚染の予防、及び組織の状況に関連するその他の固有なコミットメントを含む、環境保護に対するコミットメントを含めることです。

- **コミットメント**とは、"約束、関与"という意味があります。 —次頁へつづく—

6-19　5.2　環境方針 —その2—
環境方針の内容に求められている事項

◎その3（1）—汚染の予防による環境保護

　汚染の予防とは、"有害な環境影響を低減するために、様々な種類の汚染物質又は廃棄物の発生、排出又は放出を回避し、低減又は管理するためのプロセス、操作、技法、材料、製品、サービス又はエネルギーを使用すること"をいいます。

　汚染の予防には、発生源の低減、若しくは排除、プロセス、製品若しくはサービスの変更、資源の効率的な使用、代替材料及び代替エネルギーの利用、再利用、回収、リサイクル、再生又は処理が含まれます。

◎その3（2）—その他の環境保護

　環境保護に対するその他の固有なコミットメントには、持続可能な資源の利用、気候変動の緩和及び気候変動への適応、並びに生物多様性及び生態系の保護を含みます。

◎その4—組織の順守義務を満たす

　環境方針には、組織の順守義務を満たすこととへのコミットメントを含めることです。

●順守義務とは、"組織が順守しなければならない法的要求事項及び組織が順守しなければならない又は順守することを選んだその他の要求事項"をいいます。

◎その5—継続的改善

　環境パフォーマンスの向上をさせるための環境マネジメントシステムの継続的改善へのコミットメントを含めることです。

■環境方針の取扱い

- 環境方針は、利害関係者が理解できるように文書化した情報として維持します。
- 環境方針ポスターの掲示、環境方針カードの携帯、環境方針説明会の開催により、環境方針を組織内に伝達します。
- 環境方針を組織のホームページ又は会社案内などに掲載するなどにより、環境方針を利害関係者が入手可能にします。

6-20　5.3　組織の役割、責任及び権限
責任及び権限を割り当てる

■組織の責任及び権限を割り当てる

　トップマネジメントは、有効な環境マネジメントシステムを促進するために、組織の関連する役割に対して、責任及び権限が割り当てられ、組織内に伝達されることを確実にしなければなりません。

- **確実にする**とは、"実現できるような状態にする、仕組みを作る"ということです。
- **組織**とは、"自らの目的を達成するため、責任、権限及び相互関係を伴う独自の機能をもつ個人又は人々の集まり"をいいます。
- **責任**とは、"履行しなくてはならないものとし課せられた任務又は義務"をいいます。
　―責任は引き受けてなすべき任務―
- **権限**とは、"任務又は義務を遂行するために付与された業務上行うことができる機能の範囲"をいいます。
　―権限は職務を行い得る範囲―

■特定された責任及び権限を割り当てる

　トップマネジメントは、次の事項に対して、特定された責任及び権限を力量のある人に割り当てなければなりません。

- 環境マネジメントシステムが、ISO14001規格に適合することを確実にする。
- 環境パフォーマンスを含む環境マネジメントシステムのパフォーマンスをトップマネジメントに報告する。

　―**環境パフォーマンス**とは、"環境側面のマネジメントに関連するパフォーマンス"―

　責任及び権限を割り当てる力量ある人とは、個人でもよく、複数の人々に分担させてもよく、また、トップマネジメント自身又はそのメンバー、例えば、環境担当役員でもよいです。

　力量のある個人は、規格では管理責任者という名称は使用されていませんが、組織は従来どおり管理責任者として、その責任及び権限を割り当ててもよいです。

6-21　6　計画
6.1　リスク及び機会への取組み　6.1.1　一般 －その1－

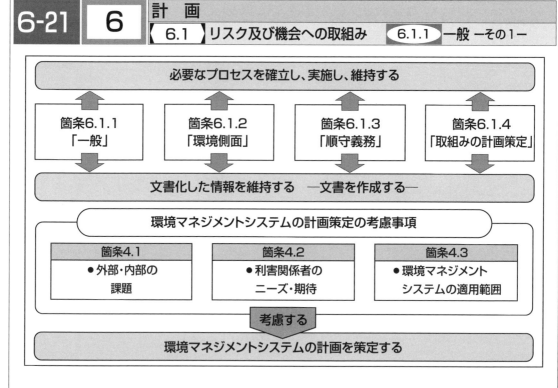

■箇条6.1に規定する要求事項のプロセス確立
　組織は、次の箇条に規定する要求事項を満たすために、必要なプロセスを確立し、実施し、維持しなければなりません。
- 箇条6.1.1「一般」に規定されている要求事項を満たす。
- 箇条6.1.2「環境側面」に規定されている要求事項を満たす。
- 箇条6.1.3「順守義務」に規定されている要求事項を満たす。

■システム計画策定時の考慮事項
　組織は、環境マネジメントシステムの計画を策定するとき、次の事項を考慮しなければなりません。
◎その1―箇条4.1に規定する課題
　箇条4.1で特定した組織の外部及び内部の課題から得た知識（情報）を考慮します。
◎その2―箇条4.2に規定する要求事項
　箇条4.2で特定した利害関係者のニーズ、期待から得た知識（情報）を考慮します。
◎その3―箇条4.3に規定する適用範囲
　箇条4.3で定めた環境マネジメントシステムの適用範囲を考慮します。
　本箇条で立てた計画は、箇条8.1の「運用の計画及び管理」で実施計画として展開し、事業プロセスに統合し、実施します。

■"リスク及び機会"に取り組む目的
　組織は、次の事項に取り組むことを目的として"リスク及び機会"を決定しなければなりません。
◎その1―意図した成果を達成する
　環境マネジメントシステムが、その意図した成果を達成できると、確信を与えることを目的とします。
- 意図した成果とは、"組織が環境マネジメントの実施によって達成するもの"をいい、環境パフォーマンスの向上、順守義務を満たす及び環境目標の達成が含まれます。

6-22　6.1.1　一般 —その2—
"リスク及び機会"取組みの目的

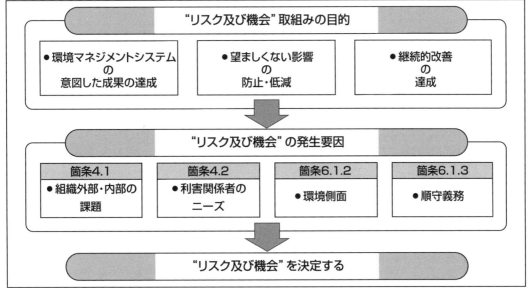

◎その2—望ましくない影響を防止・低減する
　例えば、温室効果ガス増加による地球温暖化に伴う気候変動などの外部環境状態が、組織に影響を与える可能性も含めて、望ましくない影響を防止又は低減することを目的とします。
　望ましくない影響の防止・低減は、**"予防処置の概念"**であり、システムの計画段階で予防処置を組み込むということです。

◎その3—継続的改善を達成する
　継続的改善を達成するに必要とする潜在的要因を摘出するなどして、その達成を目的とします。

■ "リスク及び機会"とは
● "リスク及び機会"とは、"潜在的な有害な影響（脅威）及び潜在的な有益な影響（機会）"をいいます。
　"リスク及び機会"と一つの用語として使用されている場合には、次の二つの概念が含まれるといえます。

◎その1—内部に潜み隠れたまま（潜在的）であるが、組織に対して有害な影響を及ぼす恐れ（脅威）をもたらすものがあるということです。この望ましくない影響が組織に対し生ずる前に対応策をとり予防するとよいということです。

◎その2—内部に潜み隠れたまま（潜在的）であるが、組織に有益な成果をもたらす好ましい条件や状況（機会）を検出し、それへの対応を事前に計画するとよいということです。

■ "リスク及び機会"の決定
　組織は、"リスク及び機会"の発生源である次の事項に関する"リスク及び機会"を決定しなければなりません。

◎その1—環境側面
　組織に対して有害な環境影響、有益な環境影響を及ぼす環境側面に関連する"リスク及び機会"を決定します。

—次頁へつづく—

6-23 6.1.1 一般 —その3—
"リスク及び機会"を決定する

"リスク及び機会"の例 —JIS Q 14001：2015　附属書A.6.1.1（参考）—	緊急事態の例 —JIS Q 14001：2015　附属書A.6.1.1（参考）—
● リスク及び機会の例を次に示す 　a）労働者間（例：外国人労働者）の識字（文字を覚えること）又は言葉の壁によって、現地の業務手順を理解できないことによる、環境への流出 　b）組織の構内に影響を与え得る、気候変動による洪水の増加 　c）経済的制約による、有効な環境マネジメントシステムを維持するための利用可能な資源の欠如 　d）大気の質を改善し得る、政府の助成を利用した新しい技術の導入（機会の例） 　e）排出管理設備を運用する組織の能力に影響を与え得る、干ばつ期における水不足	● 潜在的な緊急事態（例えば、火災、化学物質の漏えい、悪天候）を決定するとき、組織は、次の事項を考慮することが望ましい 　—現場ハザードの性質（例えば、可燃性液体、貯蔵タンク、圧縮ガス） 　—緊急事態の最も起こりやすい種類及び規模 　—近接した施設（例えば、プラント、道路、鉄道）で緊急事態が発生する可能性 ● 緊急事態は、顕在した又は潜在的な結果を防止又は緩和するために特定の力量、資源又はプロセスの緊急の適用を必要とする

◎その2—順守義務

　順守義務に関連する"リスク及び機会"を決定します。

　順守義務は、法規制などを順守しないことによる組織信頼度の低下（脅威）、また順守義務を超える実施による組織信頼度の向上（機会）のような"リスク及び機会"があります。

◎その3—組織の状況

　組織の状況である箇条4.1及び箇条4.2で特定した外部・内部の課題及び利害関係者のニーズ・期待（要求事項）から得た知識（情報）に基因する"リスク及び機会"を決定します。

■緊急事態の決定

　組織は、環境マネジメントシステムの適用範囲の中で、環境影響を与える可能性のあるものを含め、潜在的な緊急事態を決定しなければなりません。

　緊急事態は予期しない事態であり、有害な環境影響を与える事態に加え、環境マネジメントシステムに関連する組織に与える事態も含まれます。

　緊急事態は、リスクの一つですから、本箇条で緊急事態を計画レベルとして決定し、箇条8.1で運用レベルとして、本箇条で決定した緊急事態への準備と対応を行います。

■文書化した情報の維持

　組織は、次に関する文書化した情報を維持（文書を作成）しなければなりません。

◎その1—リスク及び機会

　組織が取組む必要のある"リスク及び機会"に関する文書化した情報を維持します。

◎その2—本箇条6.1の要求事項

　箇条6.1.1、6.1.2、6.1.3及び6.1.4で必要なプロセスが、計画どおりに実施されるという確信をもつために必要な程度の文書化した情報を維持します。

6-24 6.1.2 環境側面 —その1—
環境側面を決定する

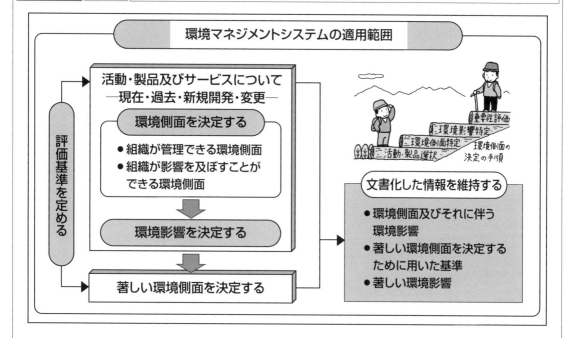

■環境側面とは

環境側面とは、"環境と相互に作用する、又は相互に作用する可能性のある、組織の活動又は製品又はサービスの要素"をいいます。

例えば、大気や水系への特定の物質の放出、固形廃棄物の排出、材料の消費などをいいます。

■環境側面を決定する

組織は、箇条4.3で定めた環境マネジメントシステムの適用範囲の中で、ライフサイクルの視点を考慮して、組織の活動、製品及びサービスを対象にして、組織が管理できる環境側面及び組織が影響を及ぼすことができる環境側面を決定しなければなりません。

■ライフサイクル

ライフサイクルには、原材料の取得、設計、生産、輸送又は配送（提供）、使用、使用後の処理及び最終処分が含まれます。

■組織が管理できる環境側面

組織が管理できる環境側面とは、"組織の判断で実施を決定すれば、マネジメントできる環境側面"で、サイト内における直接的環境側面をいいます。

■組織が影響を及ぼすことができる環境側面

組織が影響を及ぼすことができる環境側面には、"他者から提供される組織が使用する物品・サービス（外部委託を含む）、及び組織が他者に提供する製品及びサービスに関連するもの"があります。

提供した製品に関しては、使用者に適切な取扱いや廃棄方法を実施可能な範囲で伝えることによって影響を及ぼすことができます。

また、製品の設計に責任をもつ組織は、例えば、投入材料の一つを変更することで、こうした側面に影響を及ぼすことができます。

どこまで影響を及ぼすとするかは、組織が決めます。

6-25 6.1.2 環境側面 —その2—
著しい環境側面を決定する

環境側面決定時の考慮事項
—JIS Q 14001:2015 附属書A.6.1.2（参考）—

- 環境側面を決定するとき、組織は、次の事項を考慮することができる
    - a) 大気への排出
    - b) 水への排出
    - c) 土地への排出
    - d) 原材料及び天然資源の使用
    - e) エネルギーの使用
    - f) 排出エネルギー〔例えば、熱、放射、振動（騒音）、光〕
    - g) 廃棄物及び/又は副産物の発生
    - h) 空間の使用（注）

    注：空間の使用の例としては、階段やホールの吹き抜けなどの空間を使用した省エネ設計、屋根・壁の緑化などがある

組織の活動・製品及びサービスの環境側面
—JIS Q 14001:2015 附属書A.6.1.2（参考）—

- 組織の活動、製品及びサービスに関係する環境側面の例として、次の事項を考慮する
    - —施設、プロセス、製品及びサービスの設計及び開発
    - —採取を含む、原材料の取得
    - —倉庫保管を含む運用又は製造のプロセス
    - —施設、組織の資産及びインフラストラクチャの運用及びメンテナンス
    - —外部提供者の環境パフォーマンス及び業務慣行
    - —包装を含む製品の輸送及びサービス提供
    - —製品の保管、使用及び使用後の処理
    - —廃棄物管理。これには、再利用、修復、リサイクル及び処分を含む

■**環境側面に伴う環境影響を決定する**

組織は、決定した環境側面に伴う環境影響を決定しなければなりません。

環境影響とは、"有害か有益かを問わず、全体的に又は部分的に組織の環境側面から生じる、環境に対する変化"をいいます。

有害な影響としては"大気汚染、天然資源の枯渇"があり、**有益な影響**には"水質、土壌の改善"があります。

環境側面と環境影響は、環境影響を及ぼす原因が環境側面で、環境側面の結果が環境影響ですので、両者には、原因と結果との一種の因果関係があります。

例えば、"車両の保守サービス"という活動で、排気ガスの放出が環境側面で、その結果である大気汚染が環境影響ということです。

環境影響は、組織内部、近隣、地方、大きくは地球規模で起こり、直接的又は間接的又は性質上累積的なものもあります。

■**環境側面決定時の考慮事項**

組織は、環境側面を決定するとき、次の事項を考慮しなければなりません。

- 現在の活動、製品及びサービス
- 新規の開発、新規の活動、製品及びサービス
- 変更された活動、製品及びサービス
    （例：サイトの以前の持主の活動、製品及びサービス）

用いる方法には、通常及び非通常の運用状況、運用の停止及び立ち上げの状況、並びに箇条6.1.1で特定した合理的に予見できる緊急事態を考慮に入れることです。

■**著しい環境側面を決定する**

組織は、環境側面及びそれに伴う環境影響を決定したら、それらのうち、設定した基準を用いて、著しい環境影響を与える又は与える可能性のある側面（著しい環境側面）を決定しなければなりません。

—次頁へつづく—

6-26　6.1.2　環境側面 —その3—
著しい環境側面評価基準を設定する

例　農業－穀物栽培段階における現場作業

環境側面
- 水の消費
- 農薬の使用
- メタンの排出（温室効果ガス）

環境影響
- 地下水源の枯渇
- 土壌汚染
- 慢性的な健康への悪影響又は種の絶滅を招く、動物体内への有害物質の蓄積
- 地球温暖化及び気候変動

著しい環境側面評価方式例

重み付け評価方式

ランク	使用量 A	危険度 B	管理状況 C	影響持続 D
5	極めて多い	重大	管理抜け	極めて長い
4	多い	やや大きい	管理不十分	長い
3	普通	普通	普通	普通
2	少ない	少ない	管理十分	短い
1	微量	極めて少ない	管理徹底	極めて短い

評価F＝A×B×C×D

重大性評価方式

ランク	結果の重大性A	実施の可能性B
5	質・量共に環境に及ぼす影響大	技術的・経済的にすぐ対応可能
4	質・量一方影響大、他方影響中程度	努力すれば対応可能
3	質・量共に影響中程度	対応の可能性はあるが時間がかかる
2	質・量一方影響中程度、他方影響小	対応不可能ではないが資源投入大
1	質・量共に影響小	技術的・経済的に対応困難

評価C＝A×B

- 著しい環境影響を与える環境側面とは、"現在、環境側面から引き起こされる環境影響が相対的に大きい環境側面"をいいます。
- 著しい環境影響を与える可能性のある環境側面とは、将来、引き起こすかもしれないということで、その例を次に示します。
  —事故及び緊急事態により、著しい環境影響を引き起こす可能性がある—
  —管理手順を順守しないことで、著しい環境影響を起こす可能性がある—

■**著しい環境側面の評価基準**

組織は、著しい環境側面を決定する評価基準を設定しなければなりません。

著しい環境側面を決定する方法は、複数ありますので、基準及び用いる方法は、矛盾のない一貫した結果が得られるものにするとよいです。

評価基準は、著しさのレベルを、例えば、環境側面の種類と発生の可能性（確率／頻度）、その結果としての環境影響の規模、深刻度、継続時間などを組み合わせるのもよいでしょう。

■**文書化した情報の維持**

組織は、次の三つの事項に関する文書化した情報を維持しなければなりません。
- 環境側面及びそれに伴う環境影響
- 著しい環境側面を決定するために用いた基準
- 著しい環境側面

文書化した情報（文書）の例としては、環境側面特定規定、環境影響評価規定、環境影響評価基準、著しい環境側面決定規定などがあり、実施結果としては、環境側面特定表、環境影響評価表、著しい環境側面登録表などがあります。

文書化した情報は、常に最新のものとするため定期的にレビューし更新するとよいです。

6-27 6.1.3 順守義務
環境側面に関する順守義務を決定する

組織が順守する順守義務〔例〕 ―JIS Q 14001:2015 附属書A.6.1.3（参考）―

順守すべき法的要求事項

組織の環境側面に関連する強制的な法的要求事項には、適用可能な場合には、次が含まれ得る。
- a) 政府機関又はその他の関連当局からの要求事項
- b) 国際的な、国及び近隣地域の法令及び規制
- c) 許可、認可又はその他の承認の形式において規定される要求事項
- d) 規制当局による命令、規制又は指針
- e) 裁判所又は行政審判所の判決

組織が順守すると選んだ要求事項

組織が採用しなければならない又は採用することを選ぶ、組織の環境マネジメントシステムに関連した、利害関係者のその他の要求事項を含む。これには、適用可能な場合には、次が含まれ得る。
- コミュニティグループ又は非政府組織（NGO）との合意
- 公的機関又は顧客との合意
- 自発的な原則又は行動規範
- 自発的なラベル又は環境コミットメント
- 組織との契約上の取り決めによって生じる義務
- 関連する、組織又は業界の標準

■組織は順守義務を決定する

　組織は、環境側面に関する順守義務を決定し、参照しなければなりません。
- **順守義務**とは、"組織が順守しなければならない法的要求事項、及び組織が順守しなければならない又は順守することを選んだその他の要求事項"をいいます。

　組織は、箇条4.2で特定した順守義務のうち、組織の環境側面に適用されるものを決定し、参照することです。
- **参照する**とは、"組織が決定した順守義務をどこから入手したかを明確にする"ことです。

■順守義務の二つの要求事項
　◎その1―順守すべき法的要求事項

　　組織が順守しなければならない法的要求事項とは、環境法だけでなく、組織の環境側面に関する広い意味での法令をいい、法律・省令、都道府県・政令指定都市・市町村の条例などが含まれます。

　◎その2―組織が順守すると選んだ要求事項

　　環境側面に適用する法的要求事項以外の要求事項で、地域住民との同意事項、顧客とのグリーン調達基準などが含まれます。

■順守義務の組織への適用を決定する

　組織が決定した順守義務の要求事項、例えば、規制基準、届出内容、監視測定内容などを組織でどのように対応するかを決めます。

■順守義務を考慮に入れたシステムの確立

　組織は、環境マネジメントシステムを確立し、実施し、維持し、継続的に改善するときに順守義務を考慮に入れなくてはなりません。
- **考慮に入れる**とは、"考える必要があり、除外できず結果に反映する必要がある"ということです。

■文書化した情報の維持

　組織は、順守義務に関する情報を維持する、つまり、順守義務に関する文書を作成しなければなりません。

第6章●ISO14001規格の要求事項の解釈を知る

6-28 "順守義務"に関する該当する要求事項
―箇条6.1.3 "順守義務"を除く―

箇　条	順守義務に関する要求事項
4.2　　　　　　　c） 利害関係者のニーズ及び期待の理解	●それらのニーズ及び期待のうち、組織の**順守義務**となるもの。
4.3　　　　　　　b） 環境マネジメントシステムの適用範囲の決定	●4.2に規定する**順守義務**を考慮する。
5.2　　　　　　　d） 環境方針	●組織の**順守義務**を満たすことへのコミットメントを含む。
6.1.1 一般	●**順守義務**に関連したリスク及び機会を決定する。
6.1.4　　　　　　a） 取組みの計画策定	●**順守義務**への取組みを計画する。
6.2.1 環境目標	●組織の著しい環境側面及び関連する**順守義務**を考慮に入れ、環境目標を確立する。
7.2　　　　　　　a） 力量	●組織の環境パフォーマンスに影響を与える業務、及び**順守義務**を満たすに必要な力量を決定する。
7.3　　　　　　　d） 認識	●組織の**順守義務**を満たさないことを含む、環境マネジメントシステム要求事項に適合しないことの意味
7.4.1 一般	●コミュニケーションを確立するとき、順守義務を考慮に入れる。
7.4.3 外部コミュニケーション	●**順守義務**による要求に従って、外部コミュニケーションを行う。
7.5.1　　　　　　注記 一般	●文書化した情報の程度を決定する理由の一つに、**順守義務**を満たしていることを実証する必要性　がある。
9.1.2 順守評価 　　　　　　　　a） 　　　　　　　　b） 　　　　　　　　c）	●組織は、**順守義務**を満たしていることを評価するために必要なプロセスを確立し、実施し、維持する。 ●**順守**を評価する頻度を決定する。 ●**順守**を評価し、必要な場合には、処置をとる。 ●**順守状況**に関する知識及び理解を維持する。
9.3　　　　　　　b） マネジメント　　d） レビュー	●**順守義務**を含む、利害関係者のニーズ及び期待の変化をレビューする。 ●**順守義務**を満たすことをレビューする。

6-29　6.1.4 取組みの計画策定
取組みとその方法の計画を策定する

```
┌─────────────────────────────────────────┐
│            取組み計画を策定する対象          │
│  ●著しい環境側面  ●順守義務  ●箇条6.1.1で特定したリスク及び機会 │
└─────────────────────────────────────────┘
                    ▼
┌─────────────────────────────────────────┐
│            取組み計画時の考慮事項            │
│  ●技術上の選択肢         ●財務上の要求事項   │
│  ●運用上の要求事項        ●事業上の要求事項   │
└─────────────────────────────────────────┘
                    ▼
┌─────────────────────────────────────────┐
│       取組み実施方法の計画を策定する          │
│  ●環境マネジメントシステムプロセスの実施      │
│     ―箇条6.2・箇条7・箇条8・箇条9.1参照―     │
│  ●他の事業プロセスへの統合及び実施            │
│  ●取組みの有効性の評価―箇条9.1参照―         │
└─────────────────────────────────────────┘
```

■**組織は三つの事項の取り組みの計画を策定する**

　組織は"著しい環境側面"、"順守義務"並びに"箇条6.1.1で特定したリスク及び機会"の三つの事項に対する環境マネジメントシステムの中での取り組みについて、経営層の視点での計画策定をしなければなりません。

　これらに対する詳細な方策的な計画は、箇条8.1「運用の計画及び管理」で行います。

■**取り組みの方法を計画し策定する**

　著しい環境側面、順守義務、並びに箇条6.1.1で特定したリスク及び機会への取り組みの方法では、環境マネジメントシステムプロセス又は他の事業プロセスへの統合及び実施の面についての計画を策定します。

　取組み計画の方法は、箇条6.2環境目標の設定、箇条7の資源の提供、力量・認識の向上、箇条8の運用計画及び管理・緊急事態への準備及び対応、そして箇条9.1監視・測定といった各箇条に振り分け決定することです。

　また、これらの取り組みはそれぞれ責任をもつ事業プロセス中に組み込み統合し実施します。

　そして、組織は、これらの取り組みの有効性の評価の方法も箇条9.1の要求事項に基づいて計画を策定するよう求められています。

■**取り組みを計画するときの考慮事項**

　組織は、これらの取り組みを計画するとき、技術上の選択肢、並びに財務上、運用上及び事業上の要求事項を考慮しなければなりません。

　技術上の選択肢を検討する際には、経済的に実行可能であり、費用対効果があり、かつ適切と判断される場合には、最良利用可能技法の使用も考慮するとよいです。

　最良利用可能技法とは、"自組織で経済的に一番よい技術が望ましく、環境関連に過大な投資により、組織が財政的に負担を背負わないようその費用効果を考慮する"ということです。

第6章 ISO14001規格の要求事項の解釈を知る

6-30　6.2　環境目標及びそれを達成するための計画策定
6.2.1　環境目標を確立する

環境目標を確立する

環境目標確立の対象	環境目標の内容	環境目標確立時考慮事項
●環境マネジメントシステムに関連する機能及び階層 〈機能〉 　全社 　｜ 　事業所 　｜ 　部 　｜ 　課 　｜ 　係 〈階層〉	●環境方針と整合 ●測定可能 　―実行可能な場合― 〈管理方法〉 ●監視する ●伝達する 　―組織の管理下で働く人々― ●更新する 　―必要に応じて―	●著しい環境側面、順守義務 　―考慮に入れる（考える必要があり、除外できない）― ●リスク及び機会 　―考慮する（考える必要があるが、除外できる）―

環境目標に関する文書を作成する　―文書化した情報を維持する―

■**組織は環境目標を確立する**

　組織は、関連する機能及び階層において、環境目標を確立しなければなりません。
- **環境目標**とは、"組織が設定する環境方針と整合がとれた目標（達成する結果）"をいいます。
- 環境目標を確立する対象は、環境マネジメントシステムに関連する機能、階層です。
○ **機能**とは、"組織の指定された部署において実施される役割"をいい、部門を含む意味があります。
○ **階層**とは、"職階"をいいます。
- **確立する**とは、"環境目標を設定し、設定した環境目標を達成できる状況"にすることです。

　環境目標は、組織全体に適用する戦略的な目標、それに基づく事業所ごとの業務内容に則した戦術的な目標、事業所内各部が実施する運用レベルの目標に展開するとよいです。

■**環境目標確立時に考慮すべき事項**

　組織は、環境目標の確立に当たって、箇条6.1.4で決定した著しい環境側面、順守義務、リスク及び機会に含まれる課題について、それらの中から環境目標として取り組む必要がある課題に対して、具体的な内容を決定することです。（著しい環境側面及び順守義務は考慮に入れ、リスク及び機会は考慮する）

■**環境目標が満たすべき内容**

◎**その1―環境方針と整合している**

　環境目標は、環境方針の中でコミットメント（約束）している環境保護、順守義務、環境マネジメントシステムの継続的改善と整合させ同じ価値基準で活動することです。

◎**その2―測定可能である**（実行可能な場合）

　測定可能とは、"環境目標が達成されているかどうかを判定する尺度が、定量的又は定性的でよい"ことを意味しています。

6-31　6.2.2 環境目標を達成するための取組みの計画策定
環境目標達成計画時に決定する事項

環境目標計画策定における決定事項

実施事項

実施事項完了時期

環境目標達成責任者

必要な資源

結果の評価方法

■**環境目標の管理方法**
　◎その1―**監視する**
　　環境目標の達成に向けての活動の進捗状況及びその達成度を監視することです。
　◎その2―**伝達する**
　　環境目標の達成に影響を及ぼす力量をもつ、組織の管理下で働く人々（請負者を含む）に環境目標を伝達することです。
　◎その3―**必要に応じて、更新する**
　　環境目標は、箇条9.3「マネジメントレビュー」で達成された程度をレビューし、必要に応じて更新することです。

■**文書化した情報の維持**
　組織は環境目標に関する内容、達成のための計画事項、作成責任者、承認、進捗管理、評価方法などを文書として規定することです。

■**環境目標達成のための計画策定**（箇条6.2.2）
　計画策定に当たっては次の事項を決定します。
　◎その1―**実施事項**
　　環境目標を達成するために何を実施し、どのような過程で行うのかを決定します。
　◎その2―**必要な資源**
　　環境目標の達成にはどのような資源が必要か、箇条7.1「資源」に準拠して決定します。
　◎その3―**責任者**
　　環境目標の達成の責任者は誰なのか、箇条5.3「責任及び権限」に準拠し決定します。
　◎その4―**達成期限**
　　環境目標はいつまでに達成するかを決めます。
　◎その5―**結果の評価方法**
　　結果の評価方法は、測定可能な環境目標の達成に向けた進捗を監視するための指標を含め、箇条9.1に準拠して決めます。
　組織は、環境目標を達成するための取組みを組織の事業プロセスにどのように統合するかについて、考慮しなくてはなりません。

6-32　7　支援
7.1　資源

■組織は必要な資源を提供する

　組織は、環境マネジメントシステムの確立、実施、維持及び継続的改善に必要な資源を決定し、提供しなければなりません。

　必要な資源の提供は、一般に、トップマネジメントが関与（箇条5.1）し"仕組み"として、事業プロセスに組み込まれています。

　例えば、必要な資源は、年度事業計画で決定し、稟議制度により部門責任者が関連する資源の決裁を得て部門内に提供するなどです。

■必要な資源とは

　環境マネジメントシステムに必要な資源には、人的資源、天然資源、インフラストラクチャ、ユーティリティ（電気・ガス・水）、専門技術・技能・知識及び資金が含まれます。

■人的資源とは

　箇条7では、人は資源であり、力量「箇条7.2」、認識「箇条7.3」は、人に付帯する別のものとしています。

　したがって、人的資源とは、"環境マネジメントシステムに関連する人材をどの位の人数を量的に確保する必要があるか"をいいます。

■インフラストラクチャとは

　インフラストラクチャとは、"施設、設備及サービスに関するシステム"をいいますが、環境マネジメントシステムに必要なものとしては、例えば、組織の建物、危険物倉庫、地下タンク、排水タンク、輸送車などがあります。

■内部資源を外部資源で補完する

　組織は必要な資源を決定するに当たって、現状を分析し、現在保有する資源で何が対応できるかを把握し、必要ならば外部提供者による外部資源による補完も考慮するとよいです。

　例えば、人的資源を人材派遣会社、臨時採用、パート、アルバイトなどからの外部資源から取得するなどです。

6-33 7.2 力量 —その1—
組織は管理下にある人々の力量を決定する

力量を要求される環境パフォーマンスに影響を与える業務に携わる人 —例—

- 著しい環境影響の原因となる可能性をもつ業務を行う人
- 次を行う人を含む、環境マネジメントシステムに関する責任を割り当てられた人
  - 環境影響又は順守義務を決定し、評価する
  - 環境目標の達成に寄与する
  - 緊急事態に対応する
  - 内部監査を実施する
  - 順守評価を実施する

出典：JIS Q 14001：2015 附属書A.7.2

業務に携われる人の条件

力量が求められる業務 —例—

■組織は必要な力量を決定する

　組織は、環境パフォーマンスに影響を与える業務、及び順守義務を満たす組織の能力に影響を与える業務を組織の管理下で行う人（又は人々）に必要な力量を決定しなければなりません。

- **力量**とは、"意図した結果を達成するために、知識及び技能を適用する能力"をいいます。
- **必要な力量**とは、"教育、訓練、経験とともに、知識と技能をもち、それを使って実際に担当する業務を行う能力をもっている"ことをいいます。
- 環境パフォーマンス、順守義務に影響を与える業務に携わる人の例は、上欄に示します。
- **業務を組織の管理下で行う人**とは、"組織の要員、派遣社員、パート・アルバイトの人、また、組織が外部委託したプロセスに係る人々"などが該当します。

■人々が力量を備えていることを確実にする

　組織は、適切な教育、訓練又は経験に基づいて、組織の管理下でこれらの業務に携わる人々が、必要な力量を備えることができる"仕組み"をつくらなくてはなりません。

　これにより人々が力量を備えることができるようにすることです。

- **教育**とは、"啓発、能力開発的な意味が強く、学校教育、専門教育、体系的教育"をいいます。
- **訓練**とは、"確立している知識又はスキルを「付与する」「教える」という"ことです。

■教育訓練のニーズを決定する

　組織は、環境側面及び環境マネジメントシステムに関する教育訓練のニーズを決定しなければなりません。

- **教育訓練**（trainingを意味する）の**ニーズ**とは、"対象者ごとにどのような教育訓練が必要かを決定する"ことです。

6-34　7.2　力量 —その2—
力量を得た処置の有効性を評価する

力量を身に付けるための適用される処置 —例—

現在雇用している人々

教育・訓練	指　導	配置転換
●力量を備えられるように人々を教育・訓練する	●力量を備えられるように人々を指導する	●力量を備えた人々を配置転換して、業務を行わせる

雇用：●力量を備えた人々を雇用する

契約締結：●力量を備えた人々と契約締結する

■組織が力量を身に付けた人を得る処置

　組織は、該当する場合には、必ず、必要な力量を身に付けるための処置をとらなければなりません。
- **該当する場合**とは、"教育訓練のニーズを特定した結果、業務に必要な力量に対して、担当する人がもっている力量が不足している場合"をいい、この場合には担当する人に必要な力量を身に付けるための処置をとるということです。

　適用される処置には、規格の注記に、例として、現在雇用している人々に対する教育訓練の提供、指導の実施、配置転換の実施があり、また力量を備えた人々の雇用、そうした人々との契約締結などが示されています。

■とった処置の有効性を評価する

　組織は、必要な力量を身に付けるためにとった処置の有効性を評価しなければなりません。

- **有効性**とは、"計画した活動を実行し、計画した結果を達成した程度"をいいます。
- **とった処置の有効性の評価**とは、"その処置を実行し、計画した結果を達成した程度を評価する"ことから、事前に達成すべき結果を決めておく必要があります。

　処置の有効性の評価は、監督者を付けて実際にその業務を行わせ、その処置が計画した結果を達成した程度で評価するのもよいです。

■文書化した情報の保持

　組織は、力量の証拠として適切な文書化した情報を保持（記録）しなければなりません。
- **力量の証拠**とは、"必要な力量をもっていることの証拠"をいい、教育、訓練の記録、経験の記録、力量の評価結果などの文書化した情報としての記録をいいます。
　— "文書化した情報を保持する" とは "記録を作成する" ことをいう —

6-35　7.3　認識
組織は管理下にある人々に認識をもたせる

組織の管理下で働く人々に認識してもらう四つの事項

環境方針
- 環境方針の達成における自らの役割を認識する

自らの貢献
- 環境パフォーマンスの向上を含むシステムの有効性に対し、自らの業務がどう貢献できるかを認識する

著しい環境側面
- 自らの業務に関係する著しい環境側面、それに伴う環境影響を認識する

逸脱による影響
- 順守義務を満たさないことを含む、要求事項に適合しないことによる影響を認識する

■認識をもたせる"仕組み"をつくる
　組織は、組織の管理下で働く人々が、次の事項に関して認識をもつことを確実にしなければなりません。
- 確実にするとは、"認識をもたせるための「仕組み（プロセスの確立）」をつくり、事業プロセスに組み込む"ことです。

■環境方針を認識する
　組織の管理下で働く人々は、環境方針の存在、それに示されている環境に関する意図、方向付け、そして約束事項（コミットメント）の達成に対して、自らの業務における役割を認識することです。

■著しい環境側面、環境影響を認識する
　組織の管理下で働く人々は、自らの業務に関係する著しい環境側面と、それに伴う顕在（実際にあらわれる）する環境影響又は潜在的（潜んでいる）環境影響を認識することです。

■自らの貢献を認識する
　組織の管理下で働く人々は、環境パフォーマンスの向上によって得られる便益を含めて、環境マネジメントシステムの有効性に対して、自らの業務がどのように関連付けられ、貢献できるかを認識することです。
- 便益とは"都合がよく利益がある"ことです。

■要求事項に適合しないことの意味を認識する
　組織の管理下で働く人々は、自らの業務に関連する順守義務を満たさなかった場合を含め、環境マネジメントシステムの要求事項に適合しない、例えば、決めたとおりに業務を行わなかったら、その結果生じる環境影響の重大さを認識することです。
- 順守義務とは、"組織が順守しなければならない法的要求事項及び組織が順守しなければならない又は順守することを選んだその他の要求事項"をいいます。

6-36　7.4 コミュニケーション
7.4.1 一般

■コミュニケーションのプロセスを確立する
　組織は、次の事項を含む、環境マネジメントシステムに関連する内部及び外部のコミュニケーションに必要なプロセスを確立し、実施し、維持しなくてはなりません。
- コミュニケーションの内容
- コミュニケーションの実施時期
- コミュニケーションの対象者
- コミュニケーションの方法

　コミュニケーションとは、"一方向又は双方向での意思の伝達及び交換"をいいます。

■システム確立時に実施すべき事項
　組織は、コミュニケーションのプロセスを確立するとき次の事項を行わなければなりません。
- 順守義務を考慮に入れる
　順守義務は、除外することなく考慮に入れて、コミュニケーションプロセスを確立するということです。
- 環境情報は信頼性があることを確実にする
　組織が、利害関係者に伝達し公表する環境情報は、環境マネジメントシステムで管理された信頼性のある情報に基づいて行うようプロセスを確立する"仕組み"（確実にする）をつくることです。

■コミュニケーションが満たす望ましい事項
- 透明である―報告内容の入手経路公開
- 適切である―利害関係者のニーズを満たす
- 偽りがない―報告受け者に誤解を与えない
- 事実に基づく―正解であり、信頼できる
- 関連する情報を除外しない
- 利害関係者にとって理解可能である

■文書化した情報を保持
　組織は、必要に応じて、コミュニケーションの証拠として、文書化した情報（記録）を保持しなければなりません。
　―重要なコミュニケーションの記録の保持―

6-37　7.4.2 内部コミュニケーション　7.4.3 外部コミュニケーション

■**内部コミュニケーションで実施する事項**
　組織は、次の事項を行わなければなりません。
◎その1─階層・機能間のコミュニケーション
　組織は、必要に応じて、環境マネジメントシステムの変更を含む、環境マネジメントシステムに関連する情報について、組織の種々の階層及び機能間で**内部コミュニケーション**を行うことです。
●階層間でのコミュニケーションには、上位職から下位職への指示・命令があり、下位職から上位職へは報告・提案があります。
◎その2─継続的改善への寄与を確実にする
　組織の管理下で働く人々が、継続的改善に寄与できるようなコミュニケーションの"仕組み"（確実にする）をつくることです。
●これには、業務改善に関する提案制度などが該当します。
　内部コミュニケーションの場としては、経営会議、拠点長会議、購買会議、生産会議、品質会議、部門内会議、朝礼などがあります。

■**外部コミュニケーションを実施する**
　組織は、コミュニケーションプロセスによって確立したとおりに、かつ、順守義務による要求事項に従って、環境マネジメントシステムに関連する情報について**外部コミュニケーション**を実施しなければなりません。
　これには、利害関係者からの情報を組織が受けるコミュニケーションと、組織が利害関係者へ情報を発信し公開する場合があります。
　外部コミュニケーションの場としては、客先売り込み訪問、製品・サービス説明会、顧客クレーム報告、協力会社連絡会などがあります。
　また、順守義務に関する外部コミュニケーションでは、行政・監督機関への法定報告や自主的に実施する環境報告などがあります。
─規格要求事項のコミュニケーションについては次頁に記す─

6-38 "コミュニケーション"に関する該当要求事項
―箇条7「支援」を除く―

区分	箇　条	コミュニケーションに関する要求事項
外部	4.3 環境マネジメントシステムの適用範囲の決定	●環境マネジメントシステムの適用範囲は、文書化した情報として維持しなければならず、かつ、利害関係者がこれを**入手できる**ようにしなければならない。
内部	5.1　　　　　　e) リーダーシップ及びコミットメント	●有効な環境マネジメント及び環境マネジメントシステム要求事項への適合の重要性を**伝達する**。
内・外	5.2　　　　　　e) 環境方針	●環境方針は組織内に**伝達する**。 ●環境方針は利害関係者が**入手可能である**。
内部	5.3 組織の役割、責任及び権限　　　　　　b)	●トップマネジメントは、関連する役割に対して、責任及び権限が割り当てられ、組織内に**伝達される**ことを確実にしなければならない。 ●環境パフォーマンスを含む環境マネジメントのパフォーマンスをトップマネジメントに**報告する**。
内部	6.1.2 環境側面	●組織は、必要に応じて、組織の種々の階層及び機能において、著しい環境側面を**伝達しなければならない**。
内部	6.2.1　　　　　　d) 環境目標	●環境目標は**伝達する**。
外部	8.1　　　　　　c) 運用の計画及び管理　　　d)	●請負者を含む外部提供者に対して、関連する環境上の要求事項を**伝達する**。 ●製品及びサービスの輸送又は配送（提供）、使用、使用後の処理及び最終処分に伴う潜在的な著しい環境影響に関する**情報を提供する**必要性について考慮する。
内・外	8.2　　　　　　f) 緊急事態への準備及び対応	●必要に応じて、教育訓練を含む、緊急事態への準備及び対応に関係する適切な**情報を**、組織の管理下で働く人々を含む、適切な利害関係者に**提供する**。
内・外	9.1 監視、測定、分析及び評価 9.1.1 一般	●組織は、コミュニケーションプロセスで特定したとおりに、かつ、順守義務による要求に従って、関連する環境パフォーマンス情報について、内部と外部の双方の**コミュニケーション**を行わなければならない。
内部	9.2.2　　　　　　c) 内部監査プログラム	●監査の結果を関連する管理層に**報告する**ことを確実にする。
外部	9.3　　　　　　f) マネジメントレビュー	●苦情を含む、利害関係者からの関連する**コミュニケーション**。

6-39　7.5　文書化した情報
7.5.1　一般

組織が求められる文書化した情報

"文書化した情報を維持する" ―文書例―

"文書化した情報を保持する" ―記録例―

■文書化した情報とは何か

　文書化した情報とは、"組織が管理し、維持するよう要求されている情報及びそれが含まれている媒体"をいいます。
- **情報**とは、"意味のあるデータ（対象に関する事実）"をいいます。
- **媒体**とは、"紙、磁気、電子式若しくは光学式コンピュータディスク、写真若しくはマスターサンプル"をいいます。

　ISO14001規格で"**文書化した情報を維持する**"と示す要求事項は"**文書**"を意味します。
- **文書**とは、"情報及びそれが含まれている媒体"をいいます。

　ISO14001規格で"**文書化した情報を保持する**"と示す要求事項は"**記録**"を意味します。
- **記録**とは、"達成した結果を記述した、又は実施した活動の証拠を提供する文書"をいいます。

　組織は、"文書化した情報"という用語ではなく、これを"文書"、"記録"という用語を用いてもよいです。

■文書化した情報に関する要求事項

　環境マネジメントシステムに関する文書化した情報として、次の二つが求められてます。

◎その１―規格が要求する文書化した情報

　規格が要求する文書化した情報（文書・記録）は、6-43項に示してあります。

◎その２―組織が必要とする文書化した情報

　組織が、環境マネジメントシステムの有効性のために必要であると、組織が決定した文書・記録を含む文書化した情報です。
- ISO14001規格には"環境マニュアル"についての記述はありませんが、環境マネジメントシステムの有効性のために、組織が必要とするならば、"環境マニュアル"を作成することに対しては、何ら問題はありません。

6-40 7.5.2 作成及び更新
文書化した情報の作成・更新時に実施すべき事項

■文書化した情報作成・更新時の実施事項

　組織は、この規格で要求されている及び組織が必要と決定した文書化された情報（文書及び記録）を作成・更新するに当たって、次の事項が確実に実現できる状態（仕組み）にしなければなりません。

◎その1―**適切な識別及び記述**（例えば、タイトル、日付け、作成者、参照番号）

　文書化した情報は、何の文書、記録なのかが分かるように、適切な識別をします。

● 文書、記録の適切な識別の例としては、タイトル（表題）を付け、いつ作成したのか作成年月日を記し、誰が作成したのかその氏名を記載し、そして、検索しやすくするために、文書番号、記録番号を付します。

◎その2―**適切な形式**（例えば、言語、ソフトウエアの版、図表）及び媒体（例えば、紙、電子媒体）

　文書及び記録を日本語で作成するのか、外国語で作成するのか、文章なのか、図表なのか、ソフトウエアなら版など、その内容によって、適切な形式を選択できる状態にすることです。

　文書及び記録の媒体は、紙と捉えられがちですが、電子媒体にするのか、映像、写真かを選択できる状態にすることです。

　最近では、電子媒体の使用も多くなっています。

◎その3―**適切なレビュー及び承認**

　新規文書は、発行する前に権限を与えられた者が、適切性及び妥当性に関し確認し、承認します。

　既存文書は、適切性、妥当性に関しレビューし、更新が必要ならば更新し、再度承認します。

　適切性とは、"目的に対して文書の内容、形式、媒体が適切か"、**妥当性**とは、"文書の用途からみて目的を果たすのに十分で漏れがないか"です。

6-41 7.5.3 文書化した情報の管理 ーその1ー
文書化した情報の利用及び保護

■文書化した情報の利用及び保護

　組織は、この規格で要求されている及び組織が必要と決定した文書化された情報（文書及び記録）は、次の事項を確実に実現できるように管理しなければなりません。

◎その1—入手でき利用できる

　文書化した情報は、必要なときに、必要なところで、入手可能で利用に適した状態に管理することです。

　文書化した情報を紙ベースで配付してもよいですが、これを電子媒体に入力して、必要なときに開くことで、利用できるようにしてもよいです。

◎その2—**文書化した情報を保護する**

　文書化した情報は十分に保護（例えば、機密性の喪失、不適切な使用及び完全性の喪失からの保護）されている状態であるよう管理することです。

- **機密性**とは、"許可されていない個人、エンティティ（例：組織）又はプロセス（例：業務プロセス）に対して、情報を使用されず、また開示しない特性"をいいます。

- **機密性の喪失**とは、"機密性が失われ、文書化した情報が、組織の外部に漏洩することによって、組織及び利害関係者の権利・利益を損なう"ことをいいます。

- **完全性**とは、"正確さ及び完全さの特性"をいい、**完全さ**とは、"情報が欠損したり破壊されたりしていないこと"をいいます。

　電子化される"文書化した情報"の機密性、完全性を維持するには、次のように管理するとよいでしょう。

- パスワードの管理
- 情報のバックアップ
- ウイルス対策ソフトの更新
- サーバーやネットワークの更新
- 移動電子媒体の管理

6-42 7.5.3 文書化した情報の管理 —その2—
文書化した情報の管理の仕方

■文書化した情報の管理の仕方

組織は、文書化した情報の管理に当たって、該当する場合には、必ず、次の行動に取り組まなければなりません。

◎その1—配付、アクセス、検索及び利用

文書化した情報は、紙媒体で配付するか、電子媒体に入力し、それを検索するかで、利用できるようにすることです。

● **アクセス**とは、規格の「**注記**」に"文書化した情報の閲覧だけの許可に関する決定、又は文書化した情報の閲覧及び変更の許可及び権限に関する決定を意味し得る"とあります。

◎その2—読みやすさが保たれることを含む、保管及び保存

文書化した情報が保管されている間に劣化、損傷して読みにくくならないように保存し現状のままを維持することです。

◎その3—変更の管理（例えば、版の管理）

文書を変更したら、どこを変更したのか、その履歴を残し、現在何版か、有効な版が分かるよう識別し、文書管理台帳などで管理するとよいです。

● 記録は変更することができず、変更すると"改ざん"になりますので、該当しないということです。

◎その4—保持及び廃棄

文書化した情報をいつまで保持するのか期限を定め、期間が経過したら、情報が漏洩しないように、どう廃棄するのかを決めます。

廃止文書を保持する場合は"**廃止文書**"などと識別表示し誤って使用しないようにします。

■外部文書を管理する

組織は、環境マネジメントシステムの計画及び運用のために、組織が必要と決定した外部からの文書化した情報を必要に応じて識別し、管理しなければなりません。

6-43 "文書化した情報"に関する該当要求事項
― 箇条7.5 "文書化した情報"を除く ―

	箇 条	文書化した情報に関する要求事項
文書	4.3 環境マネジメントシステムの適用範囲	●環境マネジメントシステムの適用範囲は、**文書化した情報として維持**しなければならず、かつ、利害関係者が入手できるようにしなければならない。
	5.2 環境方針	●環境方針は、次の事項を満たさなければならない。 ―**文書化した情報として維持**する
	6.1 リスク及び機会への取組み 6.1.1 一般	●組織は、次に関する**文書化した情報を維持**しなければならない。 ―取組む必要があるリスク及び機会 ―6.1.1～6.1.4で必要なプロセスが計画どおりに実施されるという確信をもつために必要な程度の、それらのプロセス
	6.1.2 環境側面	●組織は、次に関する**文書化した情報を維持**しなければならない。 ―環境側面及びそれに伴う環境影響 ―著しい環境側面を決定するために用いた基準 ―著しい環境側面
	6.1.3 順守義務	●組織は、順守義務に関する**文書化した情報を維持**しなければならない。
	6.2.1 環境目標	●組織は、環境目標に関する**文書化した情報を維持**しなければならない。
	8.1 運用の計画及び管理	●組織は、プロセスが計画どおりに実施されたという確信をもつために必要な程度の、**文書化した情報を維持**しなければならない。
	8.2 緊急事態への準備及び対応	●組織は、プロセスが計画どおりに実施されるという確信をもつために必要な程度の、**文書化した情報を維持**しなければならない。
記録	7.2 力量	●組織は、力量の証拠として、適切な**文書化した情報を保持**しなければならない。
	7.4.1 一般	●組織は、必要に応じて、コミュニケーションの証拠として、**文書化した情報を保持**しなければならない。
	9.1.1 一般	●組織は、監視、測定、分析及び評価の結果の証拠として、適切な**文書化した情報を保持**しなければならない。
	9.1.2 順守評価	●組織は、順守評価の結果の証拠として、**文書化した情報を保持**しなければならない。
	9.2 内部監査	●組織は、監査プログラムの実施及び監査結果の証拠として、**文書化した情報を保持**しなければならない。
	9.3 マネジメントレビュー	●組織は、マネジメントレビューの結果の証拠として、**文書化した情報を保持**しなければならない。
	10.2 不適合及び是正処置	●組織は、次に示す事項の証拠として、**文書化した情報を保持**しなければならない。 ―不適合の性質及びそれに対してとった処置 ―是正処置の結果

6-44　8　運用
8.1　運用の計画及び管理　―その1―

有効なプロセス計画・運用の考慮事項
―JIS Q 14001：2015の附属書A.8.1（参考）―

有効なプロセスを規定するに際して考慮すべき事項を次に示す。
a) 誤りを防止し、矛盾のない一貫した結果を確実にするような方法で、プロセスを設計する。
b) プロセスを管理し有害な結果を防止するための技術（工学的な管理）を用いる。
c) 望ましい結果を確実にするために、力量を備えた要員を用いる。
d) 規定された方法でプロセスを実施する。
e) 結果を点検するために、プロセスを監視又は測定する。
f) 必要な文書化した情報の使用及び量を決定する。

変更の例
―JIS Q 14001：2015の附属書A.1（参考）―

変更による意図しない結果が、環境マネジメントシステムの意図した成果に好ましくない影響を与えないことを確実にするために、取り組むことが望ましい。
　変更の例には、次の事項が含まれる。
— 製品、プロセス、運用、設備又は施設への計画した変更
— スタッフの変更、又は請負者を含む外部提供者の変更
— 環境側面、環境影響及び関連する技術に関する新しい情報
— 順守義務の変化

■運用のプロセスを確立する
　組織は、ISO14001規格の環境マネジメントシステム要求事項と、箇条6.1「リスク及び機会への取組み」及び箇条6.2「環境目標及びそれを達成するための計画策定」で特定した取組みを具体的に実現するために、必要なプロセスを確立し、実施し、管理し、維持しなければなりません。
● ISO14001規格の要求事項に必要なプロセスを確立するとあるので、プロセスの確立に関する要求事項が明示されていない箇条においても、組織が要求事項を実施する上で、必要なプロセスについては確立するということです。
● 箇条6.1の取組みには、著しい環境側面、順守義務、リスク及び機会が含まれてます。
● 有効なプロセスを計画し、運用するための考慮事項として、規格附属書A.8.1に記載されている事項を上欄に示します。
　この運用のプロセスの確立には、意図した成果が継続的に安定して得られるように、プロセスの運用基準を設定し、その運用基準に従ってプロセスを管理し実施します。
● 運用基準とは、"プロセスを実施するための守るべき条件、範囲を示す管理基準、操作基準" などをいいます。

■変更を管理し有害な影響の緩和処置をとる
　組織は、計画した変更を管理し、意図しない変更によって生じた結果をレビューし、必要に応じて、有害な影響を緩和する処置をとらなければなりません。
● 変更の管理は、プロセスの運用段階における予防処置といえます。
● 変更の例が、規格附属書A.1に記載されていますので、上欄に示します。

6-45 | 8.1 運用の計画及び管理 －その２－
ライフサイクルの視点で環境側面を管理する

外部委託したプロセスとは
―JIS Q 14001：2015の附属書A.8.1（参考）―

外部委託したプロセスとは、次のすべての事項を満たすものである。
― 環境マネジメントシステムの適用範囲の中にある。
― 組織が機能するために不可欠である。
― 環境マネジメントシステムが意図した成果を達成するために必要である。
― 要求事項に適合することに対する責任を組織が保持している。
― そのプロセスを組織が実施していると利害関係者が認識しているような、組織と外部提供者との関係がある。

外部委託先に対する管理の方式の決定
―JIS Q 14001：2015の附属書A.8.1（参考）―

この決定は、次のような要因に基づくことが望ましい。
― 次を含む、知識、力量及び資源
  ― 組織の環境マネジメントシステム要求事項を満たすための外部提供者の力量
  ― 適切な管理を決めるため、又は管理の妥当性を評価するための、組織の技術的な力量
― 環境マネジメントシステムの意図した成果を達成する組織の能力の重要性、並びにその能力に対して製品及びサービスに与える潜在的な影響
― プロセスの管理が共有される程度
― 一般的な調達プロセスを適用することを通して必要な管理を達成する能力
― 利用可能な改善の機会

■外部委託したプロセスを管理する

　組織は、外部委託したプロセスが管理されている、又は影響を及ぼされていることを確実にしなければなりません。

- **外部委託する**とは、"ある組織の機能又はプロセスの一部を外部の組織が実施するという取り決めを行う"ことをいいます。
- プロセスが管理されているとは、例えば、組織のサイト内で委託しているプロセスのように、組織が直接管理できることです。
- 影響を及ぼされているとは、外部委託に関する仕様書、契約書などを提示し、外部委託先に要求事項を伝え運用してもらうことをいいます。

　組織は、外部委託したプロセスに適用される管理する又は影響を及ぼす方式及び程度は、環境マネジメントシステムの中で定めなければなりません。

■ライフサイクルの視点で環境側面を管理する

　組織は、箇条6.1.2「環境側面」で、ライフサイクルの各段階で製品及びサービスの環境側面、著しい環境側面を決定しており、それに基づき、次の事項を実施しなければなりません。

- 必要に応じて、製品及びサービスの設計及び開発プロセスにおいて環境上の要求事項に取り組むための管理を確立する。
- 設計及び開発プロセスでの取組みで、製品及びサービスの調達に関する環境上の要求事項を決定する。
- ライフサイクルの上流である請負者を含む外部提供者に関連する要求事項を伝達する。
- ライフサイクルの下流である製品及びサービスの輸送、配送（提供）、使用、使用後の処理及び最終処分に伴う潜在的な著しい環境影響に関する情報の提供を考慮する。

　組織は、プロセスが計画どおりに実施されたという確信をもつために、**必要な程度の文書化した情報を維持しなければなりません。**

6-46 | 8.2 緊急事態への準備及び対応 —その1—
緊急事態への準備・対応のプロセスを確立する

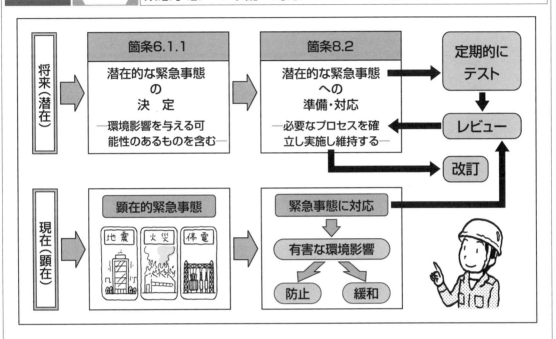

■**緊急事態準備及び対応のプロセスを確立する**

組織は、箇条6.1.1で特定した潜在的な緊急事態への準備及び対応のために必要なプロセスを確立し、実施し、維持しなければなりません。

緊急事態は、リスクの一形態であることから、計画段階である箇条6.1.1で、潜在的な緊急事態の決定が要求されています。

本箇条8.2では、箇条6.1.1で決定した潜在的な緊急事態に対する"準備及び対応"に必要なプロセスの確立が求められています。

● **緊急事態**とは、天災などによって緊急の処置が必要な重大な災害、例えば、地震、津波、洪水、山崩、また、事故による有害物質の放出、汚水など環境汚染が発生する可能性、或いは発生している状態をいいます。

■**緊急事態への準備及び対応の実施事項**

組織は、緊急事態への準備及び対応に当たり、次の事項を実施しなければなりません。

◎ **その1**—緊急事態からの有害な環境影響を防止、又は緩和するための処置を計画することによって、対応を準備する。

有害な環境影響は、管理された通常の操業時より、緊急事態時に発生する可能性が高いことから、これを防止、又は緩和するための処置を、事前に計画しておくということです。

● **防止**とは、"顕在化（実際に起こった）した緊急事態の環境影響が出ないようにする"ことです。

● **緩和**とは、"緊急事態の環境影響が広がらないようにする（応急処置）"ことです。

◎ **その2**—顕在した**緊急事態**に対応する

組織は、緊急事態が実際に発生した場合は、有害な環境影響を防止、又は緩和するために計画した処置により、対応するということです。

6-47　8.2　緊急事態への準備及び対応 −その２−
緊急事態への準備・対応の実施事項

◎その３―緊急事態及びその潜在的な環境影響の大きさに応じて、緊急事態による結果を防止又は緩和するための処置をとる。

　組織は、緊急事態の発生に対して、情報伝達、指揮命令系統を明確にし、緊急事態及び環境影響の大きさに応じて対応する最適な方法、環境上の被害を最少に抑えるに必要な処置及び内外とのコミュニケーションについて明確にしておくことです。

● 例えば、連絡の詳細（緊急対応要員、消防署、監督官庁、流出物の清掃サービスなど）を含めた、主要な要員及び支援機関のリストの用意、避難ルート及び集合場所、近隣組織からの相互支援の可能性などです。

◎その４―実行可能な場合には、計画した対応処置を定期的にテストする。

　テストには、緊急対応訓練のように人の活動のテスト及び警報システム、防災設備の緊急事態発生のシミュレーションなどを含みます。

◎その５―定期的に、また、特に緊急事態の発生後、又はテストの後に、プロセス及び計画した対応処置をレビューし、改訂する。

　緊急事態への対応の計画は、実際に起きた経験をもとに作成することは少なく、机上での想定で作成することから、実際に緊急事態が発生したとき、テストを実施した後にレビューし、改訂するということです。

◎その６―必要に応じて、緊急事態への準備及び対応についての関連する情報及び教育訓練を、組織の管理下で働く人々を含む関連する利害関係者に提供する。

　緊急事態情報を組織内外に提供し、緊急事態対応について、教育訓練をすることです。

■文書化した情報を維持する

　組織は、プロセスが計画どおりに実施されるという確信をもつために必要な程度の、文書化した情報を維持しなければなりません。

6-48　9　パフォーマンス評価
9.1　監視、測定、分析及び評価　　9.1.1　一般 —その1—

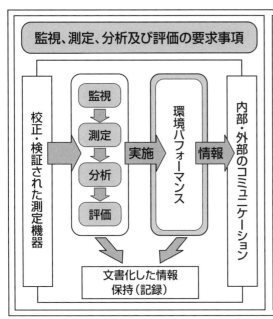

■監視、測定、分析及び評価を実施する

組織は、環境パフォーマンスを監視し、測定し、分析し、評価しなければなりません。

PDCAサイクルのC（チェック）として、環境マネジメントシステムが計画どおりに実施されているかを確認するために、環境パフォーマンスを監視、測定し、その結果を分析、評価することを求めています。

- **監視**とは、"必ずしも監視機器を用いずともある時間にわたって行われる観察のプロセス"をいいます。
- **測定**とは、"通常は機器を用いて、定量的、又は定性的な性質を決定するプロセス"をいいます。

■監視、測定、分析、評価の決定事項

組織は次の事項を決定しなければなりません

◎その1—監視及び測定が必要な対象

監視及び測定の対象としては、箇条6.1.2で決定した著しい環境側面、箇条6.1.3で特定した順守義務、箇条6.2で設定した環境目標の進捗、箇条8.1で計画したプロセスの運用基準などを考慮するとよいです。

監視、測定の対象例としては、廃水放出の監視、そして生物学的酸素要求量、化学的酸素要求量、温度、酸性度などの測定があります。

◎**その2—該当する場合には、必ず、妥当な結果を確実にするための監視、測定、分析及び評価の方法**

- **該当する場合**とは、監視、測定、分析、評価の方法が法令、条例などで規定されていれば、それに基づいて実施することです。

監視、測定、分析及び評価の方法とは"データ・情報の採取方法ではなく、採取したデータ・情報を監視、測定、分析及び評価する方法"をいいます。

- **評価の方法**としては、数値データでは、例えば、パレート図、折れ線グラフなどの推移図があります。

6-49 9.1.1 一般 —その2—
監視、測定、分析及び評価の決定事項

監視・測定・分析及び評価に関する決定事項

監視・測定が必要な対象
- 箇条6.1.2：著しい環境側面
- 箇条6.1.3：順守義務
- 箇条6.2　：環境目標
- 箇条8.1　：プロセスの運用基準

監視・測定・分析・評価の方法決定
- 監視・測定対象事項の運用時に採取したデータ（情報）
- 監視・測定・分析・評価の方法

分析及び評価の時期

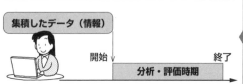

監視・測定の実施時期

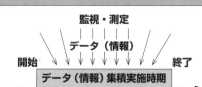

◎その3―組織が環境パフォーマンスを評価するための基準及び適切な指標

　組織は、重要な環境パフォーマンスに関して指標を決定し、それを評価するための基準を決定することを求めています。
- **指標**とは、"運用、マネジメント、又は条件の状態、又は状況の測定可能な表現"をいいます。

　指標の選定は、組織の運用の性質及び規模を反映し、組織の環境影響に対して適切であるようにします。

　指標の例には、温度、圧力、酸性度（pH）などの物理的パラメータ、材料の使用、エネルギー効率、包装の選択及び輸送などがあります。

◎その4―監視及び測定の実施時期

　監視及び測定の実施時期は、対象により異なりますので、組織が決めるということです。法令、条例などで測定頻度が規定されていれば、それに従います。そして、監視及び測定のデータ・情報収集の開始と終了の実施期間も決定するとよいです。

◎その5―監視及び測定の結果の、分析及び評価の時期

　上記で決定した期間内に収集した監視及び測定の結果としてのデータ及び情報を、いつ分析、評価するのか、その時期を決定します。

■有効性を評価する

　組織は、環境パフォーマンス及び環境マネジメントシステムの有効性を評価しなければなりません。

　個々のプロセスのパフォーマンスの評価が環境パフォーマンスの有効性の評価となり、その総合的評価が、環境マネジメントシステムの有効性の評価となります。

　評価の方法は前頁の"その2"で決定するとよいです。

6-50　9.1.1　一般 －その3－
校正・検証された監視機器・測定機器を使用する

運用例：ボイラーの運転 ―監視及び測定―

環境側面	環境目的	環境目標	運用管理	監視及び測定
温排水の放出	●水温上昇による流域の水質へのマイナスの影響を最小限にする	●20XX年までに放出水の日平均温度を1℃下げる	●水質のサンプリング及び分析の手順 ●コジェネレーションの操作手順 ●海洋生物のサンプリング計画	●指標：放出水の日平均温度、放出水の水温の連続監視 ●指標：流域の水質項目、流域の水質の四半期ごとの監視

監視及び測定には校正・検証された監視機器・測定機器を使用する ―計測器管理―

校正・検証

校正・検証記録

■校正・検証された監視・測定機器を使用する

　組織は、必要に応じて、校正された、又は検証された監視機器及び測定機器が使用され、維持されることを確実にしなければなりません。

　監視機器及び測定機器の校正、又は検証は、定められた間隔、又は使用前に国際計量標準、又は国家計量標準にトレース可能な計量標準に照らして行います。

　測定機器の例としては、焼却炉の燃焼温度計、排ガス流量計、排水のpH測定器、排水流量計などがあります。

- ●校正とは、"測定機器の必要な測定範囲にわたって、測定値と真の値の差、つまり誤差を明確にする作業"をいいます。
- ●検証とは、"測定機器の誤差以外（例：測定範囲、分解能、測定値のばらつき）の測定値の特性の水準が、測定の必要を満たしていることを確認するために、これを検査及び証拠によって確認する"ことをいいます。

■コミュニケーションを行う

　組織は、コミュニケーションプロセスで特定したとおりに、かつ、順守義務による要求に従って、関連する環境パフォーマンス情報について、内部と外部の双方のコミュニケーションを行わなければなりません。

　箇条7.4.1で定めたコミュニケーションプロセス及び順守義務の要求に基づいて、コミュニケーションを行うということです。

■文書化した情報を保持する

　組織は、監視、測定、分析及び評価の結果の証拠として、適切な文書化した情報を保持しなければなりません。

　文書化した情報の保持（記録）の例としては、環境パフォーマンスの情報、運用基準が順守されている情報、分析・評価した結果の情報、環境目標達成の情報などの記録があります。

6-51 9.1.2 順守評価 －その1－
順守評価のプロセスを確立する

■順守評価のプロセスを確立する

　組織は、順守義務を満たしていることを評価するために必要なプロセスを確立し、実施し、維持しなければなりません。

　評価の対象となる順守義務は、箇条4.2「利害関係者のニーズ及び期待の理解」において、組織が決定した順守義務と箇条6.1.3「順守義務」で決定した順守義務、並びに箇条6.1.4「取組みの計画策定」で取組みを計画した順守義務、そして、箇条8.1「運用の計画及び管理」で取組みの実施を計画した順守義務などをいいます。

　これらの順守義務が、計画どおりに実施されていることを評価するために必要なプロセスを確立するということです。

　順守とは、"きまり、法律、道理などに従いよく守る" ことをいいます。

■順守評価の実施事項

　組織は、順守評価に関して、次の事項を行わなければなりません。

◎その1―順守を評価する頻度を決定する

　順守評価の頻度は、組織の法的要求事項、順守義務として採用したその他の要求事項との関連性などにより異なることがあるので、すべての順守義務に対して同じにする必要はありませんが、定期的に評価することです。

◎その2―順守を評価し、必要な場合には、処置をとる

　組織は、順守義務を評価した結果、満たしていない場合は、順守を達成するために必要な処置を決定し、実施する必要があります。

　不順守は、例えば、それが環境マネジメントシステムプロセスによって特定され、修正された場合は、必ずしも環境マネジメントシステムの不適合にはなりません。

6-52 9.1.2 順守評価 —その2—
順守評価の実施すべき事項

◎その3—順守状況に関する知識及び理解を維持する

順守評価のプロセスのアウトプットとして得られる順守状況に関する知識を理解し、最新の情報が保たれるように維持することです。

順守状況とは、"順守評価を適切に実施することで実現されるべき状態"をいいます。

箇条7.2「力量」で順守義務を評価する人は、評価できる十分な力量を有する人とされています。

■法的要求事項として順守評価すべき事項

順守評価すべき事項の例を次に示します。
- 関係行政への届出、報告の実施状況
- 必要な公害防止管理者などの配置状況
- 法規制値内に環境パフォーマンスが収まっているかの実施状況
- 記録の内容が法令で定められた項目（測定条件、測定者等）が全て記載されているか

■順守評価のための情報の収集

順守評価の方法には、次の行動を通じた情報及びデータの収集を含めるとよいです。
- 施設の巡視又は検査
- 直接観察又は面談
- プロセス又は業務のレビュー
- 検証のためのサンプリング又はテスト
- 法律で求められる文書化した情報のレビュー（例：有害廃棄物管理票、規制上の提出物）

■文書化した情報を保持する

組織は、順守評価の結果の証拠として、文書化した情報を保持しなければなりません。

文書化した情報の保持（記録）には、次の事項を含めるとよいです。
- 法的要求事項及び順守義務として採用したその他の要求事項の順守評価結果の報告書
- 内部及び外部コミュニケーション及び報告書
- 内部監査及び外部監査の報告書

6-53　9.2 内部監査
9.2.1 一般

■**内部監査には二つの目的がある**

　組織は、環境マネジメントシステムが次の状況にあるか否かに関する情報を提供するために、あらかじめ定めた間隔で内部監査を実施しなければなりません。

　内部監査は、**第一者監査**ともいい、マネジメントレビュー及びその他の内部目的のために、その組織自体によって行われ、その組織の適合を宣言するための基礎となります。

- **監査**とは、"監査基準が満たされている程度を判定するために、監査証拠を収集し、それを客観的に評価するための、体系的で、独立し、文書化したプロセス"をいいます。

◎その1　次の事項に適合している
　1）環境マネジメントシステムに関して、組織自体が規定した要求事項
　2）この規格の要求事項

　　内部監査の目的が示されています。
1）内部監査は、自組織が規定した要求事項（環境方針、規定、手順書など）どおりに実施しており適合しているかを検証します。
2）内部監査は、ISO14001規格の要求事項どおりに確立され実施されており、適合しているかを検証します。

　共に適合を検証するので、これを"**適合性の検証**"といいます。

◎その2　**有効に実施され、維持されている**

　内部監査のもう一つの目的は、環境マネジメントシステムを、自組織が決めた要求事項、ISO14001規格の要求事項に基づいて確立、実施し、意図した成果が達成されているか、その有効性（計画した結果が得られているか）を検証することです。

　これを"**有効性の検証**"といいます。

　計画した結果が得られていなければ、結果が得られるように処置をとり、有効性を改善することです。

- **意図した成果**とは、"環境方針に整合し、環境パフォーマンスの向上、順守義務を満たすこと、環境目標の達成"をいいます。

6-54 9.2.2 内部監査プログラム —その1—
内部監査プログラムを確立する

監査の開始・文書レビューの実施

監査範囲

選定監査チームの

監査基準

実施文書レビューの

■内部監査プログラムを確立する

組織は、内部監査の頻度、方法、責任、計画要求事項及び報告を含む、内部監査プログラムを確立し、実施し、維持しなければなりません。

内部監査の実施頻度（回数）、内部監査の方法（面接、現場の確認）、内部監査に関する責任、内部監査の計画、そして報告を含む監査プログラムを確立することです。

内部監査の頻度は、環境側面及び潜在的な環境影響、取り組む必要があるリスク及び機会、前回までの緊急事態など組織の運用の性質に基づき決めるとよいでしょう。

- **内部監査の計画**とは、"個々の監査を実施するための活動及び手配事項に関する計画"をいいます。
- **監査プログラム**とは、"特定の目的に向けた決められた期間内で実行するように計画された一連の監査"をいいます。
○内部監査の年度実施計画は、監査プログラムの一つといえます。

■内部監査プログラム確立時の考慮事項

組織は、内部監査プログラムを確立するとき、関連するプロセスの環境上の重要性、組織に影響を及ぼす変更及び前回までの監査の結果を考慮に入れなければなりません。

監査プログラムは、関連するプロセスの著しい環境側面、法規制の適用、環境に関する苦情などの環境上の重要性を考慮して、監査の頻度、所要時間などを計画することです。

組織に影響を及ぼす変更としては、例えば外部・内部の課題の変化、顧客を含む利害関係者のニーズ・期待の変化、組織変更、ISO14001規格を含む関連規格の変更などを考慮するとよいでしょう。

前回までの監査結果としては、これまでに特定された不適合及びとった処置の有効性、内部監査及び外部監査（例：認証機関の審査）の結果などを考慮するとよいでしょう。

6-55 9.2.2 内部監査プログラム −その２−
内部監査の実施すべき事項

現地監査活動の準備・実施

監査計画の作成・承認

初回会議の開催

現場監査 情報の収集

文書監査 情報の収集

■内部監査の実施すべき事項

組織は次の事項を行わなければなりません。

◎その１ー各監査について、**監査基準及び監査範囲を明確にする**

内部監査をあらかじめ定めた間隔で実施する個々の監査では、それぞれ監査基準及びどのサイト、どの部門、プロセスを監査するのかの監査範囲を決めることです。

●**監査基準**とは、"客観的証拠と比較する基準として用いる一連の方針、手順又は要求事項"をいいます。

○ISO14001規格は、監査基準の一つです。

●**監査範囲**とは、"監査の及ぶ領域及び境界"をいいます。

◎その２ー**監査プロセスの客観性及び公平性を確立するために、監査員を選定し、監査を実施する**

監査プロセスの客観性、公平性を確保するには、監査員は、自らが関与している業務は、監査しないことです。

内部監査員は、箇条7.2「力量」の要求事項を含む、当該監査に関連する力量を有することが必要といえます。

◎その３ー**監査の結果を関連する管理層に報告することを確実にする**

組織は、監査の結果を、関連する被監査者の管理層に報告できる状態にすることです。

■文書化した情報を保持する

組織は、監査プログラムの実施及び監査結果の証拠として、文書化した情報を保持しなければなりません。

文書化した情報の保持（記録）の例としては、内部監査年度計画書、個別の内部監査計画書、監査チェックリスト、是正処置要求回答書、内部監査報告書などがあります。

内部監査の結果は、箇条9.3のマネジメントレビューへのインプットとして提供されます。

6-56　9.3　マネジメントレビュー －その1－
環境マネジメントシステムをレビューする

マネジメントレビューの手順

目的	時期	インプット	実施	アウトプット
●環境マネジメントシステムが引き続き、適切、妥当かつ有効であることを確実にする	●あらかじめ定めた間隔	●マネジメントレビューの考慮事項（6-57項参照）（6-58項参照）	トップマネジメント	●マネジメントレビューからのアウトプット（6-59項参照）

● 文書化した情報（記録）　―マネジメントレビューの結果の証拠―

■マネジメントレビューの目的

トップマネジメントは、組織の環境マネジメントシステムが、引き続き、適切、妥当かつ有効であることを確実にするために、あらかじめ定めた間隔で、環境マネジメントシステムをレビューしなければなりません。

- この要求事項は、マネジメントレビューの目的を示します。
- **適切**（性）とは、"環境マネジメントシステムが、組織並びに組織の運用、文化及び事業プロセスにどのように合っているか"をいいます。
- **妥当**（性）とは、"ISO14001規格の要求事項を満たし、十分なレベルで実施されているかどうか"をいいます。
- **有効**（性）とは、"望ましい結果を達成しているかどうか"をいいます。
- **あらかじめ定めた間隔**とは、"環境パフォーマンス情報を収集し、分析・評価した結果を活用できる間隔"をいいます。

■マネジメントレビューへの対応

マネジメントレビューの項目は、全てを同時に取り組む必要はなく、レビューは役員会、運営会議のような定期的に開催される管理層の活動の一部に位置付けることができ、レビューだけ個別の活動として分ける必要はないと、規格附属書A.9.3に示されています。

■マネジメントレビューの対象考慮事項

マネジメントレビューは、次の事項を考慮しなければなりません。

◎その1―前回までのマネジメントレビューの結果とった処置の状況

マネジメントレビューの継続性をはかるため前回までのトップマネジメントの指示事項に関し、どのように対処し、処置したかと共に未解決事項の処置も考慮するとよいです。

6-57　9.3　マネジメントレビュー ―その2―
組織の状態の変化に対応しレビューする

マネジメントレビューの考慮事項〔1〕

a) 前回までのマネジメントレビューの結果とった処置の状況

b) 事項の変化

1) 外部及び内部の課題の変化

2) 順守義務を含む利害関係者のニーズ・期待の変化

c) 環境目標が達成された程度

3) 著しい環境側面の変化

4) リスク及び機会の変化

◎その2―次の事項の変化

1) 環境マネジメントシステムに関連する外部及び内部の課題

箇条4.1「組織及びその状況の理解」で明確にした外部及び内部の課題が、日々に変わる組織環境に伴い、どう変化が生じているかを理解し、組織の戦略的な方向性との一致への影響も含めて、考慮するということです。

2) 順守義務を含む、利害関係者のニーズ及び期待

法令、規制、条例などの制定、改正などを含めた順守義務の変化を考慮するということです。

箇条4.2「利害関係者のニーズ及び期待の理解」で決定した組織の順守義務となるものを含む利害関係者のニーズ及び期待を理解し、意図した成果への影響を考慮するということです。

3) 著しい環境側面

箇条6.1.2「環境側面」で特定した著しい環境側面の変化を考慮するということです。

4) リスク及び機会

箇条6.1.1「リスク及び機会への取組み」の「一般」で決定したリスク及び機会が、どう変化しているかを理解し、その情報を考慮するということです。

◎その3―環境目標が達成された程度

箇条6.2「環境目標及びそれを達成するための計画策定」で作成した環境目標の実施計画に基づき活動した結果を考慮するということです。

◎その4―次の傾向を含めた、組織の環境パフォーマンスに関する情報

1) 不適合及び是正処置

箇条10.2「不適合及び是正処置」で検出された不適合が是正されているか、その結果を考慮するということです。

―次頁へつづく―

第6章 ISO14001規格の要求事項の解釈を知る

6-58 9.3 マネジメントレビュー —その3—
組織の環境パフォーマンスをレビューする

マネジメントレビューの考慮事項〔2〕

d）組織の環境パフォーマンスに関する情報

1）不適合及び是正処置 箇条10.2

2）監視及び測定の結果 箇条9.1.1

3）順守義務を満たすこと 箇条9.1.2

4）監査結果 箇条9.2

e）資源の妥当性 箇条7.1
- 人的資源
- インフラストラクチャ
- 専門的な技能・技術

g）継続的改善の機会 箇条10.3

パフォーマンス向上のために改善する好機

f）苦情を含む、利害関係者からの関連するコミュニケーション

2）　監視及び測定の結果

箇条9.1.1「監視、測定、分析及び評価」の「一般」で実施した監視及び測定の結果を考慮するということです。

3）　順守義務を満たすこと

箇条9.1.2「順守評価」で順守義務を評価した結果の順守状況を考慮するということです。

4）　監査結果

箇条9.2「内部監査」の他に第二者監査（サプライヤー監査）、第三者監査で検出された不適合と改善事項を考慮します。

◎その5―資源の妥当性

箇条7.1「資源」で明確にし提供した資源が、環境マネジメントシステム及びトップマネジメント自らのコミットメント（約束）を実行するに十分なレベル（妥当性）かを確認し考慮するということです。

◎その6―苦情を含む利害関係者からの関連するコミュニケーション

箇条7.4.3「外部コミュニケーション」における苦情を含む環境マネジメントシステムに関連する利害関係者からのコミュニケーションによる情報を考慮するということです。

◎その7―継続的改善の機会

トップマネジメントは、マネジメントレビューを環境パフォーマンス向上のためにシステム、プロセスを改善する好機とし、インプット情報として考慮することです。

■マネジメントレビューのアウトプット

マネジメントレビューからのアウトプットには、次の事項を含めなければなりません。

◎その1―環境マネジメントシステムが、引き続き、適切、妥当かつ有効であることに関する結論

トップマネジメントは、マネジメントレビューの目的が達せられたのか、その結論を求められています。　―次頁へつづく―

6-59　9.3　マネジメントレビュー －その4－
マネジメントレビューからのアウトプット

マネジメントレビューのアウトプット

レビューの結論

継続的改善の機会決定

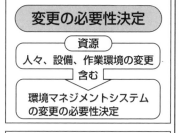
変更の必要性決定

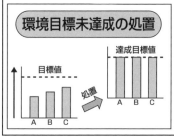
環境目標未達成の処置

事業プロセスへの統合改善

戦略的方向性への示唆

◎その2―継続的改善の機会に関する決定
　インプットとしての考慮事項"継続的改善の機会"に対してレビューした結果、継続的に改善する事項を決定することです。

◎その3―資源を含む、環境マネジメントシステムの変更の必要性に関する決定
　レビューの結果から、環境マネジメントシステム全体をみて、資源の妥当性（十分満たしているか）を含め、環境マネジメントシステムを変更する必要があればその処置を決定することです。

◎その4―必要な場合には、環境目標が達成されていない場合の処置
　インプットとしての考慮事項"環境目標が達成された程度"の情報をレビューした結果、環境目標が達成されていなければ、達成するにはどうするのか、その処置を決定することです。

◎その5―必要な場合には、他の事業プロセスへの環境マネジメントシステムの統合を改善するための機会
　環境マネジメントシステムの事業プロセスへの統合は、その取組みと同時に完全な状態にすることは難しいので、トップマネジメントはレビューし、より強固な統合に向けての改善を指示するということです。

◎その6―組織の戦略的な方向性に関する示唆
　トップマネジメントは、組織の状況の変化をレビューし、環境に関して事業継続の視点から、長期的な展望としての課題を明示するということです。

■文書化した情報を保持する
　組織は、マネジメントレビューの結果の証拠として、文書化した情報を保持しなければなりません。
　マネジメントレビューの結果の証拠としての記録の例には、会議の議題、出席者リスト、発表資料、又は配布資料のコピー及び報告書、議事録、トップの決定事項などがあります。

6-60　10　改善
10.1　一般

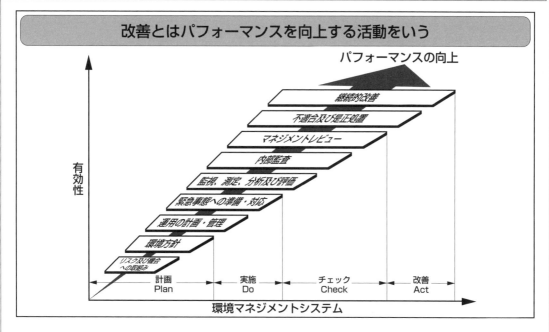

改善とはパフォーマンスを向上する活動をいう

■改善の機会を決定し必要な取組みを実施する

組織は、環境マネジメントシステムの意図した成果を達成するために、改善の機会（9.1、9.2及び9.3参照）を決定し、必要な取組みを実施しなければなりません。

- 箇条10.1「一般」は、箇条10「改善」の全般に係る規定事項となっています。

組織は、環境マネジメントシステムの意図した結果を達成するために、不適合の管理及び修正を含む、特定した改善の機会に取り組むために必要な処置をとり、また、環境マネジメントシステムの適切性、妥当性及び有効性の継続的改善を通じて、環境パフォーマンスを向上させることです。

- 環境マネジメントシステムの意図した結果とは、"組織の環境方針に整合し、環境パフォーマンスの向上、順守義務を満たすこと、環境目標の達成"をいいます。

条文の改善の機会の括弧内に、9.1、9.2及び9.3参照とあるのは、附属書A.10.1に、そ

の理由として、"組織は、改善のための処置をとるときに環境パフォーマンスの分析及び評価からの結果、並びに順守評価、内部監査及びマネジメントレビューからの結果を考慮することが望ましい"と示されています。

- **改善の機会**とは、"パフォーマンス向上のための活動に取り組むのによい時期"ということです。

- **改善**とは、"パフォーマンス（測定可能な結果）を向上するための活動"をいいます。

○改善のための活動は、繰り返し行われることも、又は一回限りであることもあります。

改善の例には、是正処置、継続的改善、現状を打破する変更、革新、組織再編があります。

○**革新**とは、"価値を実現する又は再配分する、新しい又は変更された対象"をいいます。

6-61 10.2 不適合及び是正処置 —その1—
不適合は修正し有害な環境影響を緩和する処置をとる

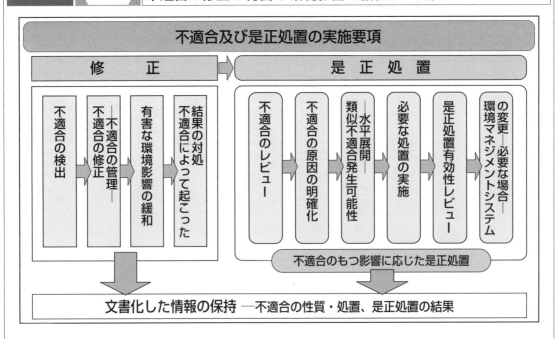

■不適合は修正し是正処置をとる

不適合が発生した場合、組織は、次の事項を行わなければなりません。

◎その1—不適合を修正する

その不適合に対処し、該当する場合には、必ず次の事項を行う。

1) その不適合を管理し、修正するための処置をとる。

- **不適合**とは、"要求事項を満たしていないこと"をいいます。
- ○環境マネジメントシステムに関連する要求事項には、ISO14001規格の要求事項、組織が定めた要求事項、法令・規制の要求事項、顧客要求事項、そして、製品及びサービス要求事項などがあります。
- **修正**とは、"検出された不適合を除去するための処置"をいいます。

有害な環境影響を及ぼす可能性のある不適合は、即時対応し修正することです。例えば、排水が配管から漏れていれば、その箇所を修正(漏れを止める)します。

2) 有害な環境影響の緩和を含め、その不適合によって起こった結果に対処する。

- **環境影響**とは、"有害か有益かを問わず全体的に、又は部分的に組織の環境側面から生ずる環境に対する変化"をいいます。
- **緩和**とは、"生じた環境影響をやわらげる処置"をいいます。

例えば、油が漏れたらその影響が広がらないよう緩和し、漏れてしまった油を処理するということです。

◎その2—不適合の是正処置をとる

その不適合が再発又は他のところで発生しないようにするために、次の事項によって、その不適合の原因を除去するための処置をとる必要性を評価する。

—次頁へつづく—

6-62 | 10.2 不適合及び是正処置 —その2—
不適合は是正処置をとりその有効性をレビューする

不適合の例

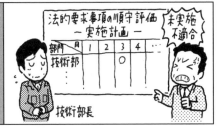
順守義務評価 — 未実施

運用基準 不履行

環境目標 未達成

緊急事態対応不備

- 不適合の原因を除去するための処置をとる必要性を評価するとは、"不適合の再発を防止し、不適合の影響の著しさに応じるにはどのような処置が必要なのかを、次の事項によって評価するということです。

1) その不適合をレビューする
- レビューとは、"設定された目標を達成するための対象の適切性、妥当性、又は有効性の確定"をいいます。

2) その不適合の原因を明確にする
- 是正処置とは、"不適合の原因を除去し再発を防止するための処置"をいいます。

したがって、不適合現象の説明をもって原因究明としたり、真の原因の除去ではなく、不適合の除去をもって原因の除去としないことです。

3) 類似の不適合の有無、又はそれらが発生する可能性を明確にする

不適合への対応には、原因を調査し、他のところでも類似の不適合が発生しているか、発生する可能性があるかを確認し、再発防止の処置をとる"水平展開"が是正処置に含まれるということです。

◎その3—必要な処置を実施する

不適合の原因を明確にしたら、再発を防止し、不適合の影響の著しさに応じて決定した必要な処置を実施することです。

◎その4—とった是正処置の有効性をレビューする

是正処置をとり、ある期間が経過した後にその処置が有効で意図したとおりの結果を達成しているか、つまり再発、発生防止が図られているかをレビューすることです。

組織は、とった処置の有効性を確保するために、体系的なレビュー及びフォローアップが行われていることを確実にするとよいです。

6-63 | 10.2 不適合及び是正処置 —その3—
修正、是正処置に関し文書化した情報を保持する

パフォーマンスの不適合の例 —ISO14004：2016, 10.2（参考）—

環境マネジメントシステムパフォーマンス

- 製品の環境側面に対して著しさの評価が行われていない。
- 緊急事態への準備及び対応に対する責任が割り当てられていない。
- 順守義務を満たすことの定期的な評価における不備。

環境パフォーマンス

- エネルギー低減目標が達成されていない。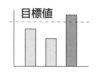
- メンテナンス要求事項が予定どおり実施されていない。
- 運用基準（例えば、許容限界）を満たしていない。

◎その5—必要な場合には、環境マネジメントシステムの変更を行う

是正処置で、その原因を除去するために、必要ならば、環境マネジメントシステムの変更を行うということです。この場合には、関連する文書化した情報（文書）を更新し、知らせる必要のある人々にその変更を伝達することです。

◎プロセスを確立する

箇条8.1「運用の計画及び管理」で、規格の要求事項を満たすために必要なプロセスは包括的に要求されているので、上記のその1からその5までを実施するためのプロセスは確立する必要があります。

◎是正処置は環境影響も含め、検出された不適合のもつ影響の著しさに応じたものでなければならない

不適合に対する是正処置は、すべて一律に行うのではなく、不適合による環境影響の著しさ、問題の大きさ、組織の事業プロセスに及ぼすリスクの大きさなどに応じて、資源を有効に活用し対費用効果を考慮して行うとよいということです。

■文書化した情報を保持する

組織は、次に示す事項の証拠として、文書化した情報を保持しなければなりません。

◎その1—不適合の性質及びそれに対してとった処置

不適合の性質とは、"不適合の内容、該当する要求事項、不適合の証拠"などをいいます。

とった処置には、修正するための処置、水平展開を含む是正処置などがあります。

◎是正処置の結果

是正処置の結果には、実施した是正処置が有効だったかのレビューの結果、是正処置によって変更したシステム、プロセスの結果、効果測定に基づいた結果などの記録があります。

6-64　10.3　継続的改善
環境パフォーマンスを継続的に改善する

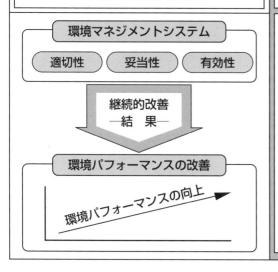

■箇条10.3の要求事項の主旨

箇条10.3では、環境マネジメントシステムにおける**PDCA**の**C**（Check：チェック）である箇条9「パフォーマンスの評価」の結果を検討し、A（Act：改善）としての位置づけとして、継続的改善のための要求事項を規定しています。

■環境パフォーマンスを継続的に改善する

組織は、環境パフォーマンスを向上させるために、環境マネジメントシステムの適切性、妥当性及び有効性を継続的に改善しなければなりません。

- **環境パフォーマンス**とは、"環境側面のマネジメントに関連するパフォーマンス（測定可能な結果）"をいいます。
- **適切性**とは、"環境マネジメントシステムが組織の運用、文化及び事業プロセスに照らして、調和し合っている程度"をいいます。
- **妥当性**とは、"ISO14001規格の要求事項を満たすことにおいて、環境マネジメントシステムが十分である程度"をいいます。
- **有効性**とは、"計画した活動を実行し、計画した結果を達成した程度"をいいます。
- **継続的改善**とは、"パフォーマンスを向上するために繰り返し行われる活動"をいいます。

したがって、環境マネジメントシステムの有効性の継続的改善は、環境マネジメントシステムの改善ではなく、その結果である環境パフォーマンスを改善し、その向上を継続するということです。

環境パフォーマンスは、環境マネジメントシステムを全体として適用することによって、又はその一つ若しくは複数の要素を改善することによって向上させることができます。

継続的改善を支える処置の度合い、範囲及び期間は、組織が決定することです。

6-65 現在・将来・過去を考慮した"是正処置"のとり方

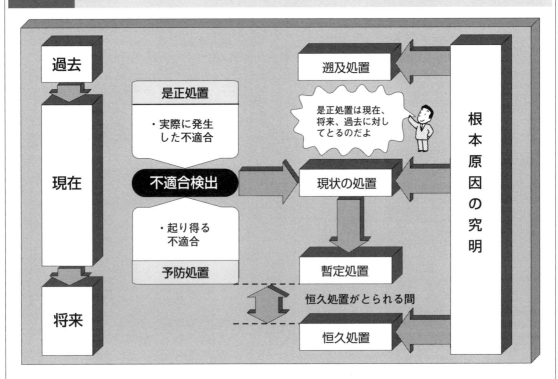

■是正処置は現在・将来・過去の再発防止する

是正処置は、起こってしまった不適合が二度と起こらないようにすることです。

そのためには、現在起こってしまった不適合に対して"**現状の処置**"をとり、そして将来起こらないように"**恒久処置**"をとり、恒久処置をとる間に不適合が起こらないように"**暫定処置**"、また、過去のものから不適合が起こらないように"**遡及処置**"をとることをお奨めいたします。

■現状の処置は不適合を適合にする

不適合が起こったら、まず、行わなければならないのは、不適合そのものの処置として、不適合を適合にする現状の処置です。

例えば、環境マネジメントシステム文書が承認されていない不適合なら、現時点で文書を承認し適合にすることをいいます。

■恒久処置は原因を除去し再発を防止する

恒久処置は、不適合がなぜ起こったのかの根本原因を追求し、その原因を除去する対策をとり、不適合の再発を防止することです。

例えば、文書が承認されていなかったのは承認権限者不在の場合の承認代行者が不明確であったためなら、文書管理規定を改訂し承認代行者を定めるのが恒久処置です。

■暫定処置として当面の処置をとる

不適合の根本原因を追求し、再発防止のための恒久処置をとるには時間がかかるので、翌日から不適合が起こらないように当面の処置をとることを暫定処置といいます。

■遡及処置は過去に遡って処置をする

不適合に関連するこれまでのものから不適合が起こらないようにするのが遡及処置です。

第7章

知っておきたい認定・認証制度

　この章では、認定・認証制度について理解いたしましょう。

(1) 認定・認証制度には、認定制度と認証制度があります。
(2) 認定制度とは、認定機関が認証機関、審査員評価登録機関を認定し、登録する制度をいいます。
(3) 認証制度とは、認証機関が組織を認証し、登録するとともに、審査員評価登録機関が審査員研修機関を承認し、審査員を評価し、登録する制度をいいます。
(4) 認証機関は、認定機関から認定された範囲(認定範囲)のみ審査ができます。
(5) 組織は、認証/登録の目的、審査費用、認定範囲などを検討し、認証機関を選定しましょう。
(6) 組織が、認証機関に申請し、認証/登録までの手順を知ることも大切です。
(7) 組織は、認証/登録後も、認証機関により定期審査(サーベイランス審査)、特別審査、再認証審査(更新審査)があります。

7-1 認定・認証制度における機関の役割

■**認定・認証制度は認定制度と認証制度がある**
- **認定制度**とは認定機関が認証機関、審査員評価登録機関を認定し登録する制度をいいます。
  ―**認定**とは、組織が特定の職務を果たす能力のあることを権限のある機関が正式に認めることをいう―
- **認定機関**：各国には制度を公平かつ円滑に運営するために認定機関があり、日本では**公益財団法人日本適合性認定協会**が該当します。
- 認定機関は、認証機関、審査員評価登録機関の認定業務を行います。

■**認証制度とは**
- **認証制度**とは、認証機関が組織を認証し、登録するとともに、審査員評価登録機関が審査員研修機関を承認し、審査員を評価し、登録する制度をいいます。

―**認証**とは、特定の規格要求事項に適合していることを第三者が審査し証明すること―
- **認証機関**：ISO14001規格に基づく認証取得を希望する組織に対して認証し、登録を行う機関をいい、複数あります。

■**審査員評価登録機関は審査員資格を付与する**
審査員評価登録機関：環境マネジメントシステムの審査を実施する審査員が、資格基準を満たしているかを評価し、登録するとともに、環境審査員研修機関を承認し、登録する機関をいいます。
- 日本では、**一般社団法人産業環境管理協会環境マネジメントシステム審査員評価登録センター**が、環境の審査員評価登録機関です。
- **審査員研修機関**：審査員の資格取得条件である環境マネジメントシステム審査員研修コースを実施する機関をいい、複数あります。

7-2 認定・認証制度の体系を知る

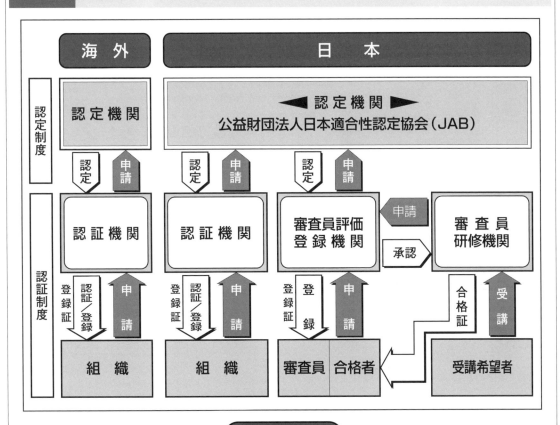

審　査

- **審査**とは、当該者が規定された要求事項に適合しているかどうかを決定するため、第三者の機関が、証拠を客観的に取得し、評価することをいいます。又はその結果を当該者に伝える体系的、文書化された検証プロセスを実行する行為をいいます。

用語の定義

- **認定**とは、ある組織体又は個人が、特定の職務を果たす能力のあることを、権威のある機関が正式に認めることをいいます。
- 例えば、認証機関が、その認証業務を遂行できる能力があると、公益財団法人日本適合性認定協会により、正式に認められること、又はその手続をいいます。

認　定

- **認証**とは、製品、プロセス、システム又は要員に関する第二者の保証手続をいいます。
- 又は、製品、方法又はサービスが所定の"要求事項"に適合していることを、第三者が文書で保証する手続をいいます。

認　証

7-3 認証機関が組織を審査する

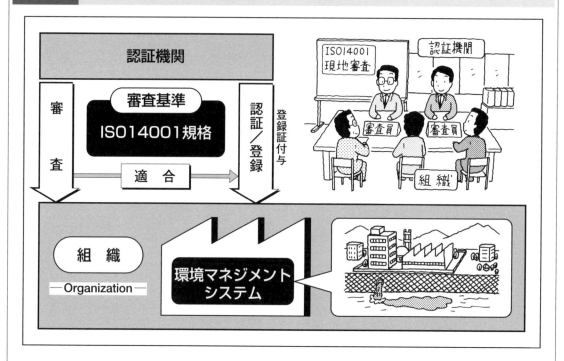

■認証／登録を取得するとはどういうことか

組織が、ISO14001規格の認証／登録を取得するとは、"組織の環境マネジメントシステムについて認証機関の審査を受け、それがISO14001規格の要求事項に適合していることが認められ、認証機関の登録簿に、適合組織として登録される"ということです。

環境マネジメントシステムの**認証／登録**は登録された組織が、ISO14001規格の要求事項に適合し、当該組織の環境方針に沿って、その活動、製品及びサービスの環境側面を管理するための環境マネジメントシステムを実施しているという保証を与える一つの手段です。

環境マネジメントシステムの認証／登録はその活動、製品及びサービスの環境パフォーマンスが、特定のレベルに達していることを意味するものではありません。

－環境パフォーマンスの保証ではない－

■認証機関とはどういう機関か

認証機関とは、公表されている環境マネジメントシステム規格（**ISO14001**規格）又はその他の規準文書及び対象の環境マネジメントシステムのもとで要求される補足文書を用いて組織の環境マネジメントシステムを審査し認証／登録する第三者をいいます。

■認証機関が組織を審査する

認証／登録を希望する組織は、適切な認証機関を選定（7-5項参照）して、申請書を提出します。

認証機関は、申請された組織に対して、審査員を派遣し、組織が構築した環境マネジメントシステムが、審査基準である**ISO14001**規格に適合していれば、登録し、組織に"**登録証**"を付与し、登録を公開します。このことを組織は、認証／登録を取得したといいます。

7-4 認証機関は認定範囲のみ審査できる

分類番号	認定範囲
1	農業、漁業、林業
2	鉱業、採石業
3	食料品、飲料、タバコ
4	繊維、繊維製品
5	皮革、皮革製品
6	木材、木製品
7	パルプ、紙、紙製品
8	出版業
9	印刷業
10	コークス及び精製石油製品の製造
11	核燃料
12	化学薬品、化学製品及び繊維
13	医薬品
14	ゴム製品、プラスチック製品
15	非金属鉱物製品
16	コンクリート、セメント 石灰、石こう他
17	基礎金属、加工金属製品
18	機械、装置
19	電気的及び光学的装置
20	造船業
21	航空宇宙産業
22	その他輸送装置
23	他の分類に属さない製造業
24	再生業
25	電力供給
26	ガス供給
27	給水
28	建設
29	卸売業、小売業、自動車、オートバイ、個人所持品、家財道具の修理
30	ホテル、レストラン
31	輸送、倉庫、通信
32	金融、保険、不動産、賃貸
33	情報技術
34	エンジニアリング、研究開発
35	その他専門的サービス
36	公共行政
37	教育
38	医療及び社会事業
39	その他社会的、個人的サービス

■組織の業種を39の認定範囲に分類している

ISO14001規格の要求事項は、汎用性があり、業種及び形態、規模、並びに提供する製品、サービスを問わず、あらゆる組織に適用できることを意図しています。

そこで、認証制度では、業種を1.農業・漁業・林業から、39.その他社会的・個人的サービスと39項目に分類（上表参照）されています。

この分類を認証機関の"**認定範囲**"といいます。そしてまた、それぞれの項目を経済活動に分類しています。

例えば"19.電気的及び光学的装置"では"電気機械及び設備の製造"、"ラジオ、テレビ及び通信装置設備の製造"、"医療用機械、精密機械、光学器機及び時計の製造"の3つの経済活動に分類されています。

■"認定範囲"分類の目的は次の通りである
- 認証機関がカバーしている専門範囲を特定するため
- 受審する組織に認証機関を選択する案内を提供するため
- 環境審査員の専門性を特定する目安を提供するため

■認証機関には審査可能な認定範囲がある

認証機関は、それぞれ認定機関である日本適合性認定協会（海外認定機関を含む）から認定された業種の範囲に該当する業種の組織のみ審査を行うことができるのです。

認証機関は、日本適合性認定協会だけでなく、海外の認定機関、例えばイギリスの認定機関（UKAS）、オランダの認定機関（RVA）などからも認定範囲となる業種の認定を受けることができます。

7-5 認証機関を選定する

受審する認証機関の選び方

- 認証／登録目的から選定
  - 営業政策上の輸出目的なら知名度のある海外の機関を選ぶ

- 認定範囲から選定
  - 自組織の業種が認定範囲となっている機関から選ぶ

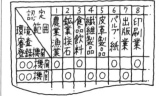

- 自業界設立から選定
  - 自組織の業界が設立した機関を選定する

- 審査費用から選定
  - 審査費用の合見積をとり安い機関を選定する

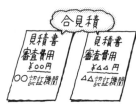

■組織の認証／登録取得目的から選定する

認証／登録取得を海外輸出の営業政策を主目的とするならば、世界的戦略があり知名度も高い海外の認証機関を選定するのも一つの方法です。

また、認証／登録取得が、自組織の環境マネジメントシステムの再構築にあるならば、日本の認証機関を選定するのもよいでしょう。

■自組織の業種が認定されている機関を選ぶ

認証機関は、認定機関(例：日本適合性認定協会)から、39業種ある認定範囲(7-4項参照)のうち、特定の業種について審査できる範囲として認定されています。

組織は、自組織の業種が、認定範囲となっている認証機関を選定することが望ましいです。

■自組織の業界が設立した機関を選ぶ

日本の認証機関の中には、それぞれの業界が中心になって設立した機関もありますので、自組織の属する業界を専門とする認証機関を選ぶのもよいでしょう。

■審査費用の合見積をとり比較選定する

認証料金は、認証機関において、それぞれ申請料金、基本料金、認証料金、登録証発行料金、登録料金などと料金体系を決めています。

認証料金は、同じ組織規模でも、認証機関によって異なるので選定に際しては、複数機関から合見積をとり比較するとよいでしょう。

■審査実績を確認し選定する

認証機関が、これまでに審査した実績、特に自組織業種での審査実績を確認し、多い機関を選定するとよいでしょう。

7-6 認証機関への申請から認証／登録までの手順

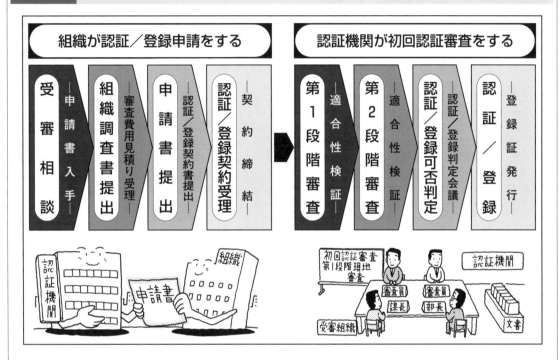

■ 組織が認証機関へ認証／登録を申請する

認証／登録を受けるための具体的な手順は認証機関によって多少異なりますので、次にその例を示します。

- 組織は、認証機関に受審相談をすると、認証制度、認証／登録申請の書式、審査説明書、審査費用見積りのための組織の調査書などの情報を入手できます。
- 組織が、審査費用見積りのための調査書にサイト数(場所)、従業員数、環境負荷など必要事項を記載し提出すると、認証機関から審査費用見積書が送られてきます。
- 組織は、見積書の内容などを検討し、好ましい認証機関を選定(7-5項参照)し申請書及び認証／登録契約書を提出します。
- 認証機関から申請書受理通知書と契約書が、組織に送られてきたことにより、契約締結となります。

■ 認証機関の初回認証審査を受ける

認証機関が、組織の認証／登録を目的として行う審査を初回認証審査といいます。

初回認証審査には、第1段階審査、第2段階審査があります。

- **第1段階審査**は、組織に赴き、申請された登録範囲の確認と、文書審査を主として、環境マネジメントシステムの適合性と第2段階審査の準備状況を検証します。
- **第2段階審査**は、組織の敷地内で行い、環境マネジメントシステムが、ISO14001規格の要求事項に適合していることを検証します。
- 審査にて、不適合事項があれば、その是正処置完了を確認し、認証／登録判定会議で、組織の認証／登録の可否を判定します。
- 認証機関の認証／登録判定会議で"**認証／登録**"可と判定されれば、認証され登録証(3年間有効)が発行されます。

7-7 認証機関の審査は認証／登録後も継続する

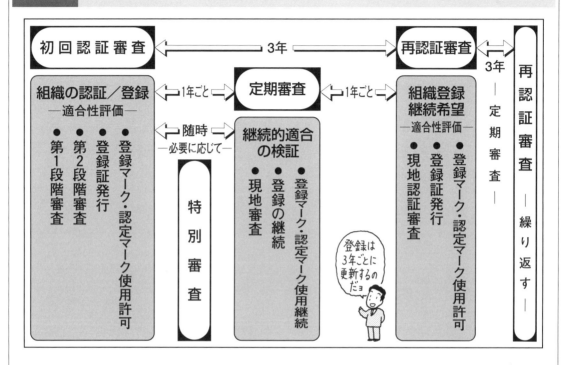

■認証制度における審査の種類

認証制度において、認証機関が、組織に対して行う審査には、認証／登録のための**初回認証審査**(7-6項参照)、**定期審査**(サーベイランス審査)、**特別審査**、**再認証審査**(更新審査)があります。

■初回認証審査は組織の認証／登録を目的とする

初回認証審査は、組織が構築した環境マネジメントシステムが、ISO14001規格の要求事項に適合しているか、組織が環境方針及びプロセスに適合しているかを検証し、適合していれば、組織を認証／登録(登録証発行)することを目的とする最初の審査をいいます。

■定期審査は継続的な適合を審査する

定期審査は**サーベイランス審査**ともいい、少なくとも年1回実施されます。

最初の定期審査は、第2段階審査の最終日から12カ月を超えない期日に行われます。

定期審査は、認証／登録された組織の環境マネジメントシステムが、継続して、**ISO14001**規格の要求事項に適合し、実施しているかを検証し、登録を継続します。

■特別審査は登録範囲の変更時に行う

特別審査は、組織、製品、サービスなど登録範囲に拡大、縮小などの変更があった場合に、拡大審査、縮小審査として行われます。

また、**ISO14001**規格の改訂時には移行審査として行われます。

■再認証審査は3年ごとに行う

再認証審査は、**更新審査**ともいい、組織が登録を継続するならば登録証の発行から3年経過すると行います。

再認証審査は、組織の環境マネジメントシステムの過去の実績を検証し、適合ならば登録証の書き換えを行います。

第8章

環境マネジメントシステム構築の手順を習得する

　この章では、組織がISO14001規格に基づく環境マネジメントシステムを構築する手順を習得しましょう。

(1) ISO14001規格導入から認証／登録を取得するまでの手順を18のステップに区分し、以下、このステップに沿って説明してあります。
(2) トップマネジメントはISO14001の事前調査をし、導入を決意したら、認証／登録範囲を決め、推進体制を組み、キックオフ宣言をします。
(3) 推進計画を立て、早期に受審する認証機関を決定し申請します。
(4) ISO14001規格関連の導入教育をしたら、初期環境レビューをし、環境影響評価をします。
(5) 順守義務を特定し、環境方針、環境目標を設定します。
(6) 文書体系を確立し、環境マネジメントシステム文書を作成します。
(7) 環境マネジメントシステムを運用し、内部監査を実施します。
(8) 組織が認証機関の審査を受審するにあたって、事前に受審準備をします。
(9) 認証機関の認証／登録を目的とする初回認証審査は、文書レビュー、第1段階審査、第2段階審査からなり、組織の環境マネジメントシステムが、ISO14001規格の要求事項に適合と判定すれば、登録証が発行されます。

8-1 ISO14001導入から認証／登録取得までの手順

ステップ	計画事項〔例〕	活動内容〔例〕
1	事前調査をし導入を決意する －トップマネジメント－	・顧客、競合他組織、業界、官公庁動向調査 ・ISO14001規格導入の必要性認識
2	認証／登録の範囲を決定する －取得時期を決定－	・組織、サイト、製品・サービス範囲の決定 ・認証／登録の取得の年・月決定
3	推進体制を組む －推進・実行組織－	・トップによる推進（管理）責任者の任命 ・推進プロジェクトチームの編成
4	キックオフ宣言をする －認証／登録取得の決意－	・トップの認証／登録取得決意表明 ・全組織構成員の取得意識高揚
5	推進計画を策定する －マスタープラン策定－	・推進のための大日程計画決定 ・推進・取得のための予算計上決裁
6	認証機関を決定する －認証／登録の申請書提出－	・認証機関認定範囲調査 ・認証機関へ審査費用見積依頼
7	ISO14001関連の教育をする －教育計画立案－	・推進プロジェクトチームメンバーの教育実施 ・内部監査員教育実施
8	組織の状況を理解する	・組織の外部及び内部の課題を決定する ・利害関係者のニーズ及び期待を決定する
9	初期環境レビューを実施する －環境の現状を把握する－	・環境側面の決定（通常・非通常・緊急・事故） ・環境側面に伴う環境影響の決定

事前準備：ステップ1～2
推進体制構築：ステップ3～7

次項へつづく

8-2 ISO14001導入から認証／登録取得までの手順

8-3 事前調査をしトップが導入を決意する－ステップ1－

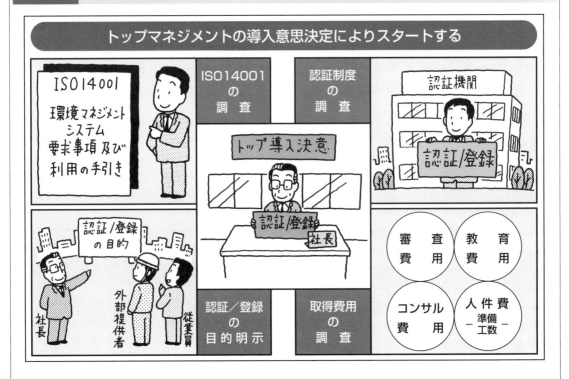

■ ISO14001導入の事前調査をする

　まず、**ISO14001**規格とは、どういう性格の規格なのか、また、それに基づく環境マネジメントシステムとは、どういう内容なのかを知ることから始めるとよいでしょう。

　そして、認証制度における認証／登録とはどういう制度なのかを認識することです。

　ISO14001規格に対する官公庁、業界、競合他組織、顧客の動向を調査するとともに、認証／登録取得と取引契約条件に関する情報を得ることも大切といえます。

■ 導入はトップの意思決定からスタートする

　トップマネジメントが事前調査の結果を基に、**ISO14001**規格による環境マネジメントシステムの導入の必要性を認識し、認証／登録取得を決意し、率先垂範陣頭指揮により、**トップダウン**で推進することが望ましいです。

■ トップは事前準備責任者を任命する

　トップは、推進責任者になり得る人材を、キックオフに向けて事前準備にあたる責任者として任命するか自身がなってもよい。

■ 認証／登録取得の目的を明確にする

　認証／登録は、組織構成員だけでなく請負者、外部提供者を含めた組織の管理下で働くすべての人々の参加により達成されます。

　したがって、最初に、認証／登録取得の目的を明確にし、すべての人々の理解の上で取り組むことが大切といえます。

■ 認証／登録に必要な費用を調査する

　認証／登録に必要な費用としては、審査費用、教育費用、コンサルテイション費用（必要な場合）などの直接経費と、間接経費として取得準備のための人件費があります。

8-4 審査を受ける認証／登録範囲を決める－ステップ2－

■認証／登録範囲を決める

認証制度において、認証／登録を取得するには、ISO14001規格に基づく審査を受ける範囲、すなわち、認証／登録範囲を、最初に決める必要があります。

認証／登録範囲とは、自組織が管理できる及び組織が影響を及ぼすことができる環境側面の要因となる活動、製品及びサービスの範囲とサイト（敷地）をいいます。

この認証／登録範囲は、認証機関が発行する"登録証"に明記される事項です。

■認証／登録範囲のマネジメントに関する要件

- その1　トップマネジメントは、認証／登録の対象となる環境マネジメントシステムに係わるすべての環境側面及びそれに伴う環境影響に対する責任（説明責任を含む）をもっていることが望ましいです
- その2　トップマネジメントは、環境目標の設定の面で、環境方針がどのように実行されるかを決定する権限をもつことが望ましいです
- その3　トップマネジメントは、環境マネジメントシステム及び改善に適切な財政的及び人的資源を配分する権限をもつことが望ましいです
- その4　組織へのインプット（例：原料、契約社員、サービス）及び組織からのアウトプット（例：製品、廃棄物）に対する責任の境界は明確にされることが望ましいです

■認証／登録範囲のサイトとは敷地をいう

サイトとは、組織の支配下において活動が営まれるすべての敷地（土地）をいいます。

サイトには、関係する原材料、中間製品、最終製品及び廃棄物の貯蔵場所を含みます。

8-5 推進体制を組む－ステップ３－

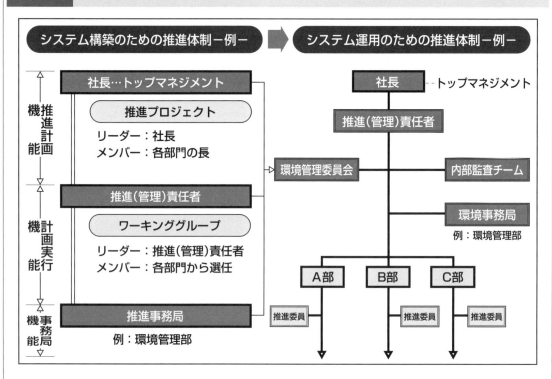

■推進責任者を任命してもよい

　環境マネジメントシステムの構築に際しては、その責任者と推進組織が必要です。

　トップマネジメントは、特定の**推進責任者**（複数も可）を任命し、**ISO14001**規格に基づく環境マネジメントシステムを確立し、実施し、維持することを確実にする責任及び権限を与えてもよく、自身がその任に当ってもよいです。

　推進責任者は、環境に関する知識をもち、管理技術に精通し、リーダーシップのとれる人、例えば、環境担当役員、環境管理部門の長などが望ましいです。この推進責任者を管理責任者という名称を用いてもよいです。

■システム構築のための推進体制をつくる

　組織が、**ISO14001**環境マネジメントシステムを構築するために、通常組織の他に推進プロジェクト体制を組んでもよいです。

　推進プロジェクト体制としては、推進計画機能と計画実行機能、それを支援する事務局機能をもたせる必要があります。

　推進計画機能は、トップマネジメントを長とし、各部門長をメンバーとするとよいです。

　計画実行機能は、推進（管理）責任者を長とし、各部門から選定したワーキンググループにもたせるとよいでしょう。

　推進事務局機能は、環境管理部門又は力量のある個人に担当させるとよいでしょう。

■構築後は運用のための推進体制をつくる

　環境マネジメントシステムを構築し、認証／登録後もそのシステムを運用していくため推進体制をとる必要があります。

　それには、システム構築のための推進プロジェクトを委員会組織（例：環境管理委員会）に移行し各部門に推進委員をおくとよいです。

8-6 キックオフ宣言をする－ステップ４－

取得必要性の認識
・トップマネジメント自身がISO14001環境マネジメントシステムの認証／登録取得の必要性を認識し決意する

取得決意の伝達
・トップマネジメントは全組織構成員に認証／登録取得への強い決意を伝え、積極的な協力を依頼する

取得資源の用意
・トップマネジメントは、ISO14001環境マネジメントシステム構築・運用に対する資源（人、インフラストラクチャー、技能、技術、資金）を用意する

取得目的の周知
・トップマネジメントは、全組織構成員に経営の手段として、認証／登録を取得することを、周知する

■トップは認証／登録取得への強い決意を示す

　トップマネジメントは、認証／登録取得を全組織構成員が一丸となって取り組む動機付けとして、**キックオフ(kick-off)宣言**をし、活動開始を明らかにするとよいです。

　トップマネジメントは、ISO14001規格による環境マネジメントシステムを構築し、認証／登録を取得するという強い決意を全組織構成員に伝え、積極的な協力を求めることが大切といえます。

―サイト内の請負者・外部提供者にも伝え、当事者としての意識をもたせ協力を求めると、一層の効果がある―

　トップマネジメントは、経営資源を投入し、経営の手段として、認証／登録を取得することの重要性を周知させることが大切です。

　組織が、認証／登録取得のみを目的としますと、取得すれば目的達成となり、取得後の目的はなくなり、日常業務と乖離する可能性がありますので、"何のために取得するのか"その目的を明確にすることが重要といえます。

■キックオフ宣言の内容〔例〕
● 自組織における認証／登録取得の目的
● 認証／登録取得によるメリット
● 認証／登録取得の範囲（サイト・組織）
● 認証／登録取得の時期（年月）
● 推進プロジェクト組織
● 推進計画（日程スケジュール）
● ISO14001規格の概要

■全組織構成員への参画意識の高揚をはかる

　認証／登録取得への全組織構成員の参画意識を高揚するには、胸につけるワッペン、ISO関連情報紙の発行、環境ISO関連図書などを用意するとよいです。

8-7 推進計画を策定する－ステップ５－

導入から認証／登録取得まで－例：期間１年間の場合－

ステップ		計画事項〔例〕	準備期間（月）											
			1	2	3	4	5	6	7	8	9	10	11	12
事前準備	1	事前調査をし導入を決意する	調査決意											
	2	認証/登録範囲を決める	サイト・組織決定											
	3	推進体制を組む	責任者・プロジェクト任命											
推進体制構築	4	キックオフ宣言をする		開催										
	5	推進計画を策定する		計画策定										
	6	認証機関を決定する	調査・決定申請											
	7	ISO14001関連の教育をする	推進者・実務者研修											
環境マネジメントシステム構築	8	組織の状況を理解する		課題決定	ニーズ									
	9	初期環境レビューを実施する			環境側面抽出									
	10	環境影響評価を実施する				環境影響評価								
	11	順守義務を決定する			法規制特定									
	12	環境方針・環境目標を設定する				設定実施								
	13	環境マニュアルを作成する―必要と決定した場合―				環境マニュアル作成								
	14	規格要求文書を作成する				作成		文書		改訂				
運用	15	システムを運用する									運用記録			
	16	内部監査を実施する							監査員教育	監査実施				
受審	17	受審の事前準備をする									文書整備			
	18	認証機関の審査を受ける										第1段審査	第2段審査	登録証受領

8-8 認証機関を決定する −ステップ6−

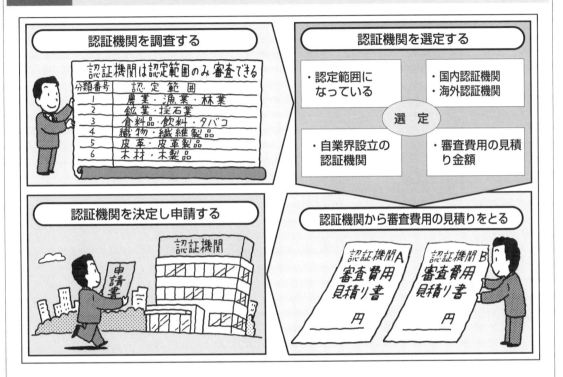

■**受審する認証機関を決める**

　組織が決めた認証／登録範囲（例：サイトの特定）が、認証機関の定める基準を満たしているかを確認するため、また推進計画に認証機関の審査実施日（第1段階審査、第2段階審査）を確定して示すためにも、早い時期に認証機関を決定するとよいです。

■**認証機関を調査し選定する**

　認証機関を選定する際の必須条件は、組織の認証／登録の対象となる範囲が、その認証機関の"**認定範囲**"（7-4項参照）になっていることです。

　さらに、次の事項を考慮するとよいです。
- 登録したい認定機関から認定されている認証機関（国内・海外）を選定する
- 認証機関の自組織に関する"認定範囲"での審査実績を確認し選定します

■**認証機関に申請資料を請求する**

　選定した認証機関と連絡をとり、認証／登録申請書、説明書、見積りのための組織の調査書などを入手します（7-6項参照）。

■**認証機関から審査費用の見積りをとる**

　選定したいくつかの認証機関に組織の調査書を提出し、審査費用の見積り（合見積り）をとります（7-5項参照）。

■**認証機関を決定し申請する**

　いくつかの認証機関の合見積り金額と認証機関の調査結果に基づき、受審する認証機関を決定します（7-5項参照）。

　決定した認証機関に規定の認証／登録申請書及び認証／登録契約書を提出します。

　認証機関からの申請受理通知により、**認証／登録契約の締結**が完了します。

8-9 ISO14001関連の導入教育をする－ステップ7－

トップマネジメントから教育を始める
- ISO14001規格の導入の必要性
- ISO14001規格の概要と期待効果
- トップマネジメントの役割・責任
- 認証/登録のステップとスケジュール

推進(管理)責任者・推進者を教育する
- ISO14001規格要求事項の解説
- 環境側面・環境影響評価の方法
- 法令・規制要求事項の決定の方法
- 推進・実行計画策定の方法
- 認証制度の知識

仕事の重要性を認識する教育
－組織の管理下で働くすべての人－
- 環境方針、プロセス、環境マネジメントシステム要求事項に適合することの重要性
- 自分の仕事に伴う著しい環境側面・環境影響
- 規定された環境マネジメントシステム要求事項から逸脱した際に予想される結果

内部監査員を教育する
- ISO14001規格の要求事項の解説
- ISO19011(マネジメントシステム監査のための指針)の解説
- 監査の原則、監査プログラムの管理方法
- 環境技術、環境関連法令・規制要求事項

■ISO14001の導入教育計画を立てる

ISO14001環境マネジメントシステムを構築するにあたって、効果的な教育を行うには、そのニーズを明確にし、教育計画を立て、それに基づいて計画的に教育を実施することが不可欠です。

教育計画では、**教育対象者、教育内容、時期**を明確にするとよいでしょう。

■導入教育はトップマネジメントから始める

認証／登録の取得は、トップダウンですから、教育はトップマネジメントから始め、トップマネジメント自身がISO14001規格の十分な理解のもとに推進することが大切です。

■原動力となる推進責任者・推進者を教育する

推進(管理)責任者・推進者は、推進・実行計画を構築し、認証／登録取得などの推進計画を立て、実施するためのノウハウを修得する必要があります。

■監査力量をもつ内部監査員を教育する

内部監査員は、監査を行う力量のある適格者とするためには、推進計画による内部監査実施前に、監査力量習得のための教育を行う必要があります。

■環境関連業務の従事者に教育する

組織の環境パフォーマンス及び順守義務を満たす組織の能力に影響を与える業務を実施する人々に力量をもたせる教育をします。

■自分の仕事の重要性を認識させる教育をする

すべての人に、自分の仕事が環境影響に関係し、要求事項を順守しないと、どのような結果になるかを認識させる教育をします。

8-10 組織の状況を理解する－ステップ8－

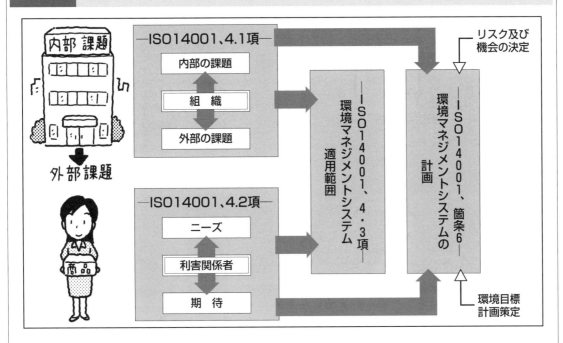

■組織の状況を理解する
- 組織は、環境マネジメントシステムをどのようにするかを計画するにあたって、まず、組織が置かれている状況を理解することです。
- そして、その理解の基に、組織の環境マネジメントシステムの適用範囲を決めるとともに、その環境マネジメントシステムの計画を策定することです。
- 組織の状況には、次の二つがあります。
  一つは、組織の外部及び内部の課題を明確にすること、そして、もう一つは利害関係者とそのニーズ及び期待を明確にすることです。

■組織の外部及び内部の課題を明確にする
- 組織の外部及び内部の課題は、組織の目的及び戦略的な方向性に関連し、そして、その環境マネジメントシステムの意図した結果を達成する組織の能力に影響を与える内容のものとします。
- 組織の外部の課題としては、国際、国内、地方又は地域を問わず、環境保護、法令、技術、競争、市場、文化、社会及び経済の環境から生ずる課題などがあります。
- 組織の内部の課題としては、法令順守、方針・目標、組織の価値観、文化、知識及びパフォーマンスに関する課題などがあります。

■利害関係者のニーズ及び期待を明確にする
- 組織は、顧客要求事項及び適用される法令、規制要求事項を満たした製品及びサービスを一貫して提供する組織の能力に影響を与えることから、組織の環境マネジメントシステムに密接に関連する利害関係者は誰なのかを明確にします。その利害関係者のニーズ及び期待は順守義務を含め何かを明確にします。
- 利害関係者の中でも、どの利害関係者のニーズ及び期待を明確にし、理解することが、組織のマネジメントシステムの意図した成果を達成するために必要かの観点から利害関係者とそのニーズ及び期待を明確にすることです。

8-11 初期環境レビューを実施する －ステップ9－

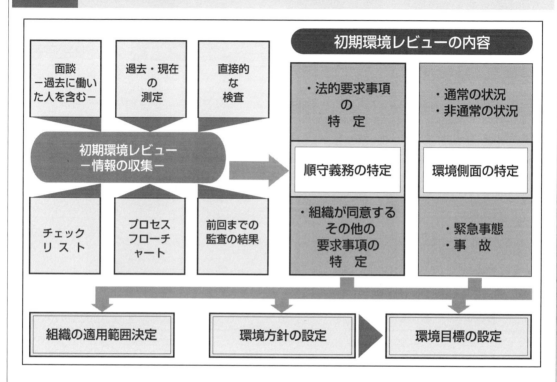

■初期環境レビューをし組織の現状を把握する

　初めて環境マネジメントシステムに取り組む組織は、規格では要求していませんが、"**初期環境レビュー**"を行って、環境に関する組織の現状を把握するとよいです。

　初期環境レビューの目的は、組織の適用範囲の決定、環境方針、環境目標の設定を含む環境マネジメントシステムの構築の基礎となります。

■初期環境レビューでは次の事項を特定する
- 通常の操業状況、操業の立上げ・停止を含む非通常の状況、緊急事態及び事故などに伴うものを含む環境側面を特定する
- 適用可能な順守義務（法的要求事項及び組織が同意するその他の要求事項）を特定する
- 過去に発生した緊急事態及び事故を調査し評価する

■初期環境レビューで次の事項の情報を得る

　初期環境レビューで、現行のマネジメントの慣行に関する情報を収集するとよいです。
- 危険化学薬品の購入に関するプロセス管理
- 化学薬品の保管及び取扱い
- 漏えい排気物の管理
- 廃棄物処理方法
- 緊急事態への準備及び対応機器・設備
- 資源の利用（例：勤務時間後の事務所照明）
- 環境上の教育訓練計画
- 監視記録の完全さ、履歴記録検索の容易さ

■初期環境レビューでの情報収集の仕方

　レビューは、組織の活動、製品及びサービスの性質に応じて、チェックリスト、プロセスフローチャート、面談（過去に働いていた人を含む）、直接的な検査、過去・現在の測定、前回までの監査結果などによります。

8-12 環境影響評価を実施する－ステップ10－

〔例〕有意数評価方式　－環境影響評価－

鋼管加工			大気汚染	土壌汚染	水質汚濁	天然資源	廃棄物減	法規対応	組織特徴	上位方針	外部苦情	将来規制	有意数	環境側面登録
項	工程	環境側面												
1	鋼管材切断	鋼管材の使用				●				●			2	可
		設備油の使用				●							1	否
		加工油の使用				●							1	否
		電力の使用	●			●				●			3	可
		騒音・振動の発生							●				1	否
		鋼管くずの排出					●						1	否
		不良品(鋼管)の排出					●						1	否
		廃油の廃棄		●			●	●					3	可

有意数評価の基準

- ●印が2個以上あれば、その環境側面を著しい環境側面の候補とする
- 著しい環境側面の候補を環境管理委員会(8-5項参照)で審議し、その結果をもとに、管理責任者が決定する
- ●印1個を1点とし、点数の多い順に著しい環境側面としてリストアップし、登録する

■環境影響評価をし著しい環境側面を決定する

　環境影響評価は、環境側面が環境に与える影響の絶対値を求めるのではなく、相対格付け基準によって、影響度合いの重大性を明らかにすることにあります(6-26項参照)。

　初期環境レビューで特定した多くの環境側面の環境影響を評価し、優先的に取り組むべき著しい環境側面を決定しリストアップして登録します。

　登録された優先順位の高い著しい環境側面から、環境方針、環境目標を設定し、継続的改善を進めます。

■組織が環境影響評価方法を決める

　環境影響を格付け、評価する方法は、いろいろありますが、確定したものはなく、組織が論理的に矛盾がなく、組織の性質に合った方法を選択し決定することが大切です。

■次のような環境影響評価の方法(例)がある

その1　有意数評価方式(上記参照)

　有意数評価方式は、環境上の評価項目の有意数(●印数)で評価します

その2　点数評価方式

　点数評価方式とは、環境影響を判断し、環境上と事業上の評価点を付け、その積で評価します

その3　リスク評価方式

　リスク評価方式とは、リスクの発生頻度、発生した場合の影響度で評価し、緊急事態のリスク評価に適します

その4　重み付け評価方式(6-26項参照)

　重み付け評価方式とは、使用量、危険性、管理状況、影響持続のランク積で評価します

その5　重大性評価方式(6-26項参照)

　重大性評価方式とは、結果の重大性と実施の可能性のランクの積で評価します

8-13 環境側面に関する順守義務を決定する −ステップ11−

法規制の管理手順
−組織が順守するその他の要求事項を含む−

- 自組織の法規制に関する文書の所持を調べる
- 法規制の情報入手ルート、責任者を明確にする
- 自組織に適用される法規制を明確にする
- 自組織法規制要求事項の一覧表を作成する
- 法規制の内容を関係者に伝達する
- 法規制の管理手順を文書化する
- 法規制の順守の現状を確認する

法規制適用可否検討表 −例−

法規制名	適用条件	自社状況	可否
公害防止組織整備法	・特定工場 ばい煙発生施設 有害物質発生 排ガス量1万m³/時以上	ボイラー	可

環境側面に対する法規制一覧表 −例−

環境側面	設備	責任者	法規制	要求事項
エアコン消費電力	エアコン	管理課長	省エネ法	エネルギー消費効率の表示

法規制順守状況チェックリスト −例−

チェック項目	チェック欄	確認内容
○ 省エネ法		
1 エネルギー管理指定工場か		
2 届出はなされているか		
3 エネルギー管理士は届いているか		
4 定期報告はされているか		

■**環境側面に関する順守義務を決定する**

組織の活動、製品、サービスの環境側面に適用される法令規制要求事項及び組織が順守するその他の要求事項を決定します。

法令規制には、国の法律、政令、省令と地方自治体の条例が含まれます(6-27項参照)。

また、**その他の要求事項**としては、業界の行動基準、工業団地との協定、顧客との合意、地域住民との合意などがあります。

■**法的その他の要求事項は次の手順で決定する**

その1 環境に関係する法規制などの文書について、組織内関連部門が何を所持しているかを調べる

その2 環境に関係する法規制などの情報入手ルート、責任者を明確にする
―行政・自治体からの入手、発行物からの入手、業界・上部団体からの入手―

その3 自組織の規模、設備などに適用される法規制などをリストアップし、その適用条件がどの設備に適用されるかを調べる

法規制などの適用条件に対し、初期環境レビューで調べた組織の業種、敷地面積、建屋面積、従業員数、使用電力量、排水量、排ガス量、設備の種類・容量と比較する

その4 適用される法規制などの要求事項に対して、その対象部門・対象設備・責任者などを記載した一覧表を作成する

その5 作成した法規制要求事項一覧表を関連部門に配付し、順守するよう周知する

その6 法規制情報の入手から要求事項の決定、関係者への周知までの手順を文書化することが望ましい

その7 法規制などの順守状況の現状を調べる。特に、届出に関する状況、法的に必要な資格保有者・責任者を確認する

8-14 環境方針・環境目標を設定する－ステップ12－

```
┌─────────────────────────────────────────────┐
│              初期環境レビューの実施               │
│  －活動・製品・サービスに対する－    ・法的要求事項      │
│    環境側面を決定する         ・組織が順守するその他の要求事項  ├決定する
│                                             │
│  －環境影響評価により－ 著しい環境側面を決定する        │
│                                             │
│              環境方針の設定                    │
│  ・組織の活動、性質、規模、 環境影響  に見合う        │
│  ・継続的改善・汚染の予防を含む環境保護を約束する       │
│  ・ 法的要求事項・組織が順守するその他の要求事項 の順守義務を約束する │
│  ・ 環境目標の設定・レビューのための枠組みを与える       │
│                                             │
│              環境目標の設定                    │
│  ・環境目標は環境影響評価の結果優先順位の   ・法的要求事項、その他の要求事項の順守義  │
│    高い著しい環境側面から設定する          務の約束を考慮に入れる            │
│  ・環境目標を計画するとき、実施事項、必要な資源、責任者、達成期限、結果の評価方法を決定する │
└─────────────────────────────────────────────┘
```

■**初期環境レビューから環境方針を定める手順**
- 初期環境レビューを行い、組織の活動、製品、サービスの環境側面を決定します(8-11項参照)
- 決定した環境側面に適用される法的要求事項及び組織が順守するその他の要求事項を決定します(8-13項参照)
- 決定した環境側面の環境影響評価を行い著しい環境側面を決定します(8-12項参照)
- 環境方針は、決定した環境影響に適切であり、また、決定した法的要求事項及び組織が順守すると決定したその他の要求事項を満たすことを約束します(6-18項参照)

■**環境方針は次の事項を含めた内容とする**
- 組織の活動、性質、規模、環境影響に見合った内容(自組織の実力に合致)とする
- 継続的改善と環境保護を約束する
- 法的要求事項及び順守すると決定したその他の要求事項を満たすことを約束する
- 環境目標を設定・レビューのための枠組として、環境目標を設定して取り組むに必要なテーマの要約を示す

■**環境方針を達成する環境目標を定める**

環境方針を達成するための環境目標を設定し実施計画(実施事項・必要な資源・責任者・達成期限・結果の評価方法)を策定します。

環境目標は、環境影響評価の結果、優先順位の高い著しい環境側面から設定し、詳細な環境パフォーマンスで可能な限り測定可能(数値化)にします。

環境目標設定にあたっては、著しい環境側面が法違反していないか、技術的に可能か、財政的に可能か、運用上・事業上必要か、近隣住民からの苦情などを考慮します。

8-15 環境マニュアルは組織が必要な場合作成－ステップ13－

環境マニュアルの利点　―組織が必要と決定したら作成する文書―

内部的利点　―規格条文型マニュアルは望ましくない―

組織の意思を示す
- 環境マネジメントシステムを明確に表現し、組織の意思として示す－事業プロセスと統合した内容とする－

システムの共通意識をもたせる
- 組織が環境パフォーマンスの向上、順守義務を満たす、環境目標の達成に、どのように管理しているかの共通意識をもたせる

内部監査の基準を示す
- 内部監査において、組織自身が規定した要求事項の適合性・有効性の判定のための監査基準として用いる

教育・訓練のテキストに使用する
- 組織要員の環境マネジメントシステムの教育・訓練のテキストに使用する

外部的利点

顧客にシステムの適合を実証する
- 商取引契約で環境マネジメントシステムが、ISO14001規格に適合している証拠として顧客に提示する

認証機関の審査時提示可能
- 環境マニュアルを作成しておくと、認証機関の審査時に環境マネジメントシステム構築・運用の証拠として提示できる

■**環境マニュアルとはどういう文書か**
- 環境マニュアルとは、"組織の環境マネジメントシステムについての仕様書"をいいます。
- 仕様書とは、要求事項を記述した文書をいいますので、環境マニュアルは"**組織の環境マネジメントシステムについての要求事項を記述した文書**"といえます。

■**環境マニュアルは規格では要求させていない**
- 環境マニュアルは、形式的な文書化を避けるとともに、付属書SL（第5章参照）で要求されていないこともあって**ISO14001**規格では、規格が要求する文書に規定されておりません。

■**既認証取得組織の環境マニュアル対応例**
- 環境マニュアルは、既に認証を取得している組織では、環境マネジメントシステムを規定し、その全体を一冊の小冊子にまとめた文書として、組織の環境マネジメントシステムに関する一貫性のある情報を、組織の内外に提供しておりました。
- 環境マニュアルは、**ISO14001**規格の7.5.1b)項（6-39項参照）で"環境マネジメントシステムの有効性のために必要であると、組織が決定した文書化した情報"の一つの位置づけの文書として、継続して維持することができます。
- 環境マニュアルを継続するのか、破棄するのか、良く検討し対応するとよいでしょう。

■**未認証取得組織の環境マニュアル対応例**
- これから、**ISO14001**規格に基づいて、環境マネジメントシステムを構築し、認証を取得される組織は、**ISO14001**規格が文書化した情報として要求している文書（6-43項参照）を、環境マニュアルにまとめて文書化するのも、一つの方法といえます。
- しかし、環境マニュアルは、**ISO14001**規格が具体的に要求しておりませんので、必ず作成しなくてはならないという文書ではありません。

8-16 環境マネジメントシステム文書を作成する－ステップ14－

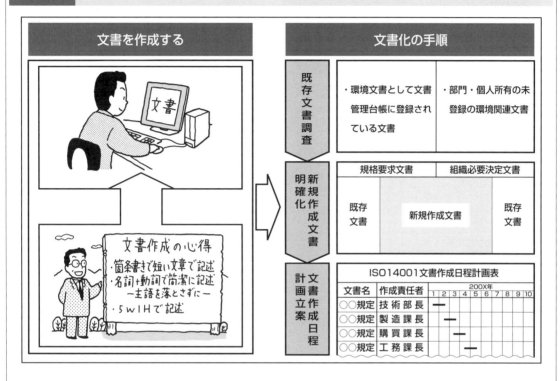

■**組織が作成を求められている文書**

　組織が作成を求められている文書には、次の二つの文書があります。
- ISO14001規格が要求する文書（6-43項参照）
- 組織が環境マネジメントシステムの有効性のために、必要であると決定した文書

　文書は、業務を効果的に実施するのに"文書に記されたよりどころ"がないと、その業務の達成が困難な場合に作成するとよいです。

■**環境マネジメントシステムの文書化の手順**
- 自組織で、現在、環境関連業務に使用している既存文書を調査する
　―文書管理台帳登録文書、部門・個人所有の未登録使用文書―
- 既存文書で、規格が作成を要求している文書として、そのまま使えるか、または見直せば使えるかを調査する
- 規格で作成を要求している文書で、既存文書にない新規作成文書をリストアップする
- 既存文書が、そのまま自組織で必要とする文書として使えるか、または見直せば使えるかを調査する
- 自組織が必要とする文書で、既存文書にない新規作成文書をリストアップする

■**文書作成日程計画を作成する**

　新しく作成すると決定したそれぞれの文書に対して**作成日程計画表**（スケジュール）を作成します。

　文書作成日程計画表には、それぞれの文書に対し、作成責任者、完了日を明記します。

　推進（管理）責任者は、文書作成日程計画表により、文書作成の進捗を管理します。

―予定どおりに、認証機関の審査を受けられるかは、文書作成の進捗による―

8-17 環境マネジメントシステムを運用する－ステップ15－

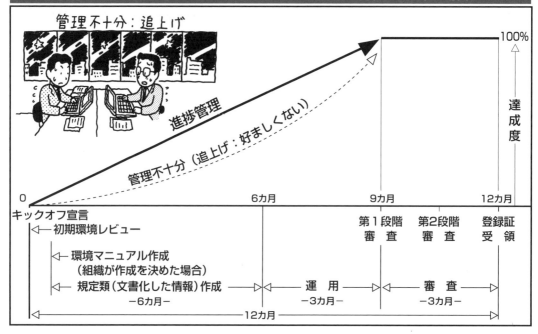

推進計画の進捗管理　－例：キックオフから認証／登録まで1年の場合－

■推進計画に基づきシステムを運用する

　組織が認証機関の審査(第1段階審査、第2段階審査)を予定した日に受審するには環境マネジメントシステムの構築・運用を、推進計画(8-7項参照)に基づき計画どおりに行うことです。

　そのためには、推進計画どおり推進しているか、その進捗を管理する必要があります。

　例えば、環境マニュアル(作成する場合)、規定類の文書化が遅れますと、これら文書化した情報による運用期間が短くなります。

　運用期間が短くなりますと、問題点が洗い出し切れない状態で審査(第1段階審査)を受審することになり、不適合が多く検出される可能性があります。

　また、日程の遅れを挽回すべく第1段階審査までの期間急激な追上げを余儀なくされ、連日夜遅くまでの作業(武勇伝)となります。

■システムを運用し問題点を洗い出し改善する

　ISO14001要求事項に関する環境マニュアル(作成する場合)、規定が文書化されたら、全組織構成員は、定められたとおりに日常業務を行い、システムを運用します。

　運用して、システムに問題点が生じたら、文書をそのつど、改訂・是正することが大切です。

　このようにPDCAのサイクルを回し、運用することにより、構築したシステムが、自組織のものになってくるといえます。

■システム運用の実績として記録を残す

　環境マニュアル(作成する場合)、規定に基づきシステムを、組織構成員が日常業務にて運用した証拠として、記録することです。

　―記録するのは、規格が要求する記録及び組織が必要と決めた記録が対象となる―

第8章●環境マネジメントシステム構築の手順を習得する

8-18 内部監査を実施する −ステップ16−

監査プログラムの策定
- ・内部監査プロセスの確立
  −内部監査規定作成−
- ・内部監査員の養成
  −内部監査員教育計画作成−

監査プログラムの実施　−つづく−
- ・内部監査の開始
  −監査の目的・範囲・基準の明確化−
- ・文書レビューの実施
  −環境マニュアル・
  —作成した場合—
  規定類のレビュー

監　査　プ　ロ　グ　ラ　ム　の　実　施
- ・フォローアップの実施
  −是正処置実施の確認−
- ・内部監査報告書の作成
  −内部監査報告書の承認・配付−
- ・内部監査活動の実施
  −情報の収集、監査所見・監査結論の作成−
- ・内部監査活動の準備
  −監査計画書・作業文書の作成−

■内部監査の監査プログラムを策定する

　これから内部監査を導入する組織は、**監査プログラム**を策定します（9-8項参照）。

　まず、内部監査の計画、実施、結果の報告、記録の保持に関する責任を**内部監査規定**として文書化することが望ましいです。

　また、この任に当たらせるため、**監査プログラム管理責任者**を任命します（9-10項参照）。

　監査プログラム責任者は、**年度内部監査実施計画**を立案します。

■内部監査員を養成する

　内部監査員を養成するための教育計画を作成し、実務経験の豊かな者から適格者を選定し、教育を受けさせ力量のある者を**内部監査員**とします。

　—内部監査員には、**ISO14001**規格の知識、監査技法などを習得させる—

■内部監査の監査プログラムを実施する

　監査プログラムは次の手順で実施します。

- **監査の開始**　内部監査の目的、範囲、基準を明確にし、監査チームを選定します
- **文書レビューの実施**　環境マニュアル、規定類の監査基準への適合をレビューします
- **内部監査活動の準備**　監査日時、被監査部門、監査チームへの作業の割当などを決め、内部監査計画書を作成します
- **内部監査活動の実施**　面談、活動の観察、文書の調査により監査証拠を収集し、監査基準に照らして監査所見（適合・不適合）を判定し、監査結論を得ます
- **内部監査報告書の作成**　内部監査の結果を内部監査報告書として作成し監査依頼者（9-7項参照）の承認を受け配付します
- **フォローアップの実施**　不適合に対する是正処置の実施を確認します

8-19 受審のための事前準備をする－ステップ17－

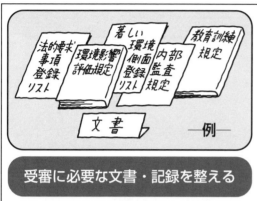

受審に必要な文書・記録を整える

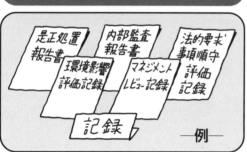

審査当日の受審役割分担

■受審のための文書・記録を整える

　認証機関の審査時に提示する資料は、規格が要求し、組織が必要と決定したすべてのシステム文書、環境マニュアル(作成した場合)・規定・記録が該当しますので、必要な部署に使える状態にしておきましょう。

　この場合、該当する規定が制定された時点以降に作成した文書・記録が対象となります。

■特に次の資料を準備することを推奨する
- 環境影響評価資料　環境側面の抽出から、著しい環境側面の登録に至る一連の環境評価のプロセスを記した文書、環境側面の評価結果、著しい環境側面の登録リスト
- 環境ライセンス・許可に関する要求事項
- 法令・規制による要求事項への適合を評価するために組織が作成した記録　環境事故記録、法律・規制違反に関する文書を含む
- 内部的に確認できるすべての不適合に関する詳細と取られた緩和処置・是正処置の記録
- 認証機関の審査前に、内部監査・マネジメントレビューを、必ず1回は実施した記録

■審査当日の審査場所設定と資料準備
- 初回会議、最終会議、審査員打合場所、部門審査場所を事前に設定しておきます
- 事前に審査員に提出を求められている資料

■審査当日の受審のための役割分担を決める

　組織は、審査計画に基づいて、当日行われる初回会議・最終会議の出席者、審査員の質問に答える対応者、審査員との会話を記録しておく記録者などを決めておくとよいです。

　受審の総指揮は推進(管理)責任者が行うとよいでしょう。

8-20 認証機関の審査を受ける－ステップ18－

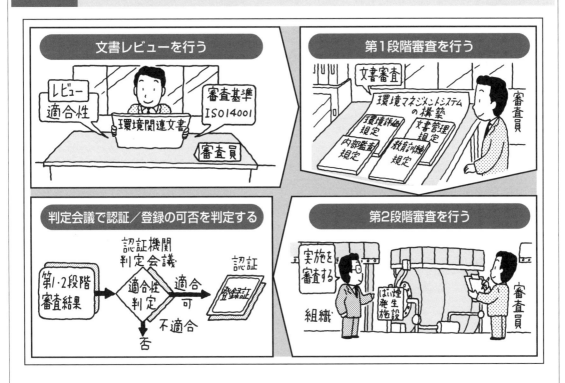

■初回認証審査は認証／登録を目的とする

認証機関が、組織の認証／登録を目的として行う審査を"初回認証審査"といいます。

初回認証審査では**文書レビュー、第1段階審査、第2段階審査**が行われます(7-6項参照)。

■文書レビューを行う

認証機関は、第1段階審査に先立って、文書化されている範囲において、審査基準(**ISO14001規格**)に対し、組織の環境マネジメントシステムの適合性を判定するために、文書レビューを行います。文書レビューは、環境マニュアル(作成した場合)及び必要に応じて関連文書を対象とし、内容に不具合があれば、受審組織に是正処置を求めます。

■第1段階審査はシステムの構築を判定します

第1段階審査は、受審組織(敷地内)に赴き、文書審査を主体とし、組織の環境マネジメントシステムが、**ISO14001規格**の要求事項に適合して構築しているかを判定します。

その結果、第2段階審査に移行できるかどうかを判断します。

■第2段階審査はシステムの実施を評価する

第2段階審査は、受審組織(敷地内)に赴き、組織の環境マネジメントシステムが、**ISO14001規格**のすべての要求事項に適合した状態で実施されているかを評価します。

また、環境方針、環境目標及び順守義務が満たされていることを確認します。

■判定会議で認証／登録の可否を判定する

認証機関は、不適合に対する是正処置の完了を確認したのち、判定会議で認証／登録の可否を判定し適合ならば**登録証**を発行します。

8-21 監査の種類 －内部監査・外部監査－

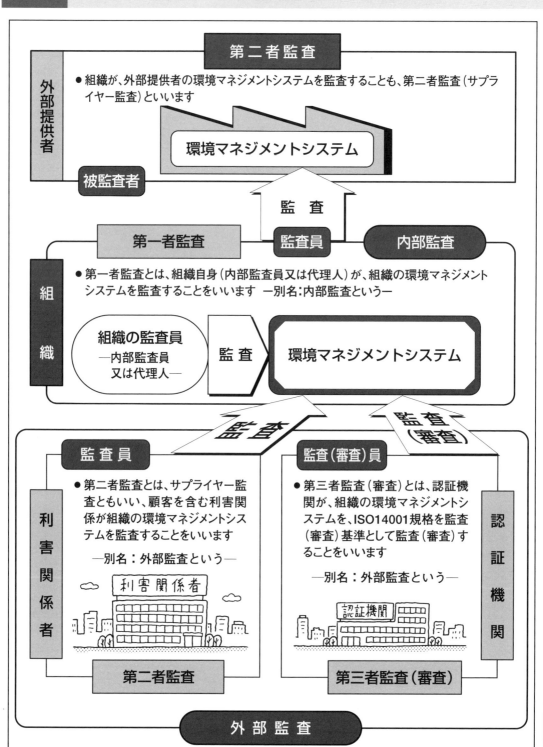

第9章

内部監査の手順と監査技法を習得する

この章では、構築した環境マネジメントシステムを内部監査する手順と監査技法を習得します。

(1) 内部監査における監査プログラムの策定から是正処置のフォローアップまでの手順を示してありますので、監査依頼者、監査員、被監査者それぞれの役割を知りましょう。
(2) 監査には、第一者監査、第二者監査(サプライヤー監査)、第三者監査(審査)があり、第一者監査を内部監査といいます。
(3) 監査プログラムを策定し、内部監査システムを確立します。
(4) 内部監査の開始は、監査の目的・範囲・基準を特定し、監査チームを編成することです。
(5) 内部監査活動の準備として、環境マネジメントシステム関連の文書をレビューし、内部監査計画書を作成します。
(6) 内部監査当日は、初回会議、監査証拠の収集、監査所見・監査結論の作成、そして最終会議を行います。
(7) 監査証拠の収集には、文書監査・現場監査があり、サンプリングにより行います。
(8) 被監査者への質問には、発展形質問と完結形質問とがあり、事前に作成したチェックリストで行います。
(9) 内部監査の結果は、内部監査報告書としてまとめ、記録として残します。
(10) 監査所見における不適合は、被監査者が是正処置をとり、監査員がその完了をフォローアップします。

9-1 内部監査の手順(計画段階)

計画段階 －PLAN－

監査依頼者 －Audit Client－

監査プログラムの策定
- 内部監査システムの確立
  －内部監査規定制定－
  －内部監査年度実施計画の作成－

内部監査の開始
- 内部監査の目的・範囲・基準の明確化
- 監査チームの選定
  －チームリーダー・メンバーの選定－
- 被監査者との最初の連絡
  －内部監査の日程提案－

監査員 －Auditor－

文書レビューの実施
- 環境マニュアル、規定類レビュー(注)
  －監査基準に照らし妥当性判定－
  －個々の内部監査計画作成情報入手－
  注:作成している場合

監査活動の準備
- 個々の内部監査計画の作成
  －監査を受ける組織、日時、場所－
- 監査チームへの作業の割当て
  －客観性・公平性を確保－
- 作業文書の作成
  －監査チェックリストの作成－
  －監査報告書の書式準備－

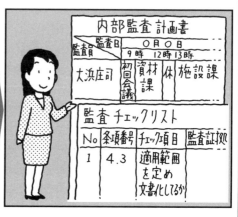

次頁へつづく

9-2 内部監査の手順（実施段階・フォローアップ段階）

実施（現地監査活動）段階 —DO—

監査員 —Auditor—　　　　　　　被監査員 —Auditee—

初回会議開催 ● Opening meeting ●
- 監査員・被監査者の両者による監査内容の事前確認
  －監査計画の確認、監査活動をどう実施するかの要点の紹介－

情報の収集・検証 ● Colecting evidence ●
- 被監査者との面談により、適合・不適合の証拠を収集・検証
  －検証可能な情報だけを監査証拠とする－
  －監査証拠は入手可能な情報からサンプリングし、記録する

監査所見作成
- 監査基準に照し監査証拠を評価
  －適合・不適合の判定－

監査結論作成
- 監査証拠を監査目的に照しレビュー
  －監査チームが出した監査の結論－

最終会議開催 ● Closing meeting ●
- 被監査者へ監査所見・監査結論を提示し合意を得る

フォローアップ段階 —Follow-up—

内部監査報告書作成
- 監査所見・監査結論の記録

不適合検出の場合

是正計画作成
- 是正処置案の作成

是正計画評価
- 現状の処置・暫定処置・恒久処置

是正処置実施
- 是正処置完了

フォローアップ ● Follow-up ●
- 是正処置の実施・効果の確認－フォローアップ監査を行うことがある－

内部監査完了
- フォローアップ結果の記録

9-3 監査は監査基準への適合を判定する

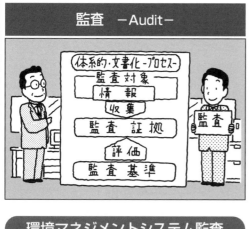

■監査は次のように定義されている

監査とは、監査基準が満たされている程度を判定するために、監査証拠を収集し、それを客観的に評価するための体系的で、独立し、文書化されたプロセスをいいます。

監査基準とは、客観的証拠と比較する基準として用いる一連の方針、手順又は要求事項（例：ISO14001規格）をいいます。

監査証拠とは、監査基準に関連し、かつ、検証できる、記録、事実の記述又はその他の情報をいいます。

―監査証拠は、定性的でも定量的でもよい―

環境に関する監査を監査対象により分類しますと、**環境マネジメントシステム監査、環境パフォーマンス監査**とがあります。

ISO14001規格の要求事項である内部監査は、環境マネジメントシステム監査です。

■環境マネジメントシステム監査

環境マネジメントシステム監査とは、組織の環境マネジメントシステムが、環境マネジメントシステム監査基準（例：ISO14001規格）に適合し、効果的に実施、維持しているかを検証する活動をいいます。

環境マネジメントシステム監査は、**ISO19011規格**（マネジメントシステム監査のための指針）により実施します。

■環境パフォーマンス監査

環境パフォーマンス監査とは、組織における環境パフォーマンスが目標（法規で定められた基準、組織が設定した基準）に対する適合性への検証をいいます。

環境パフォーマンス監査には、組織が環境に関する法令規制への適合性を検証する"**順守監査**"を含みます。

9-4 監査者により第一者・第二者・第三者監査がある

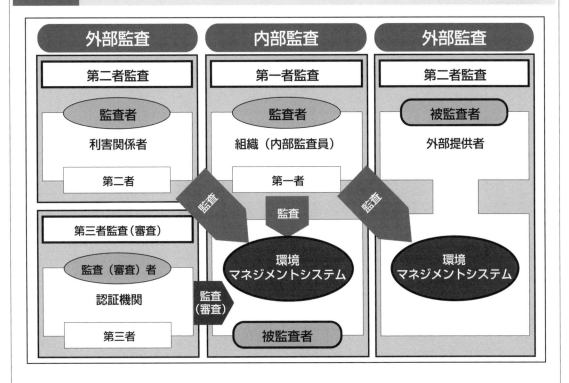

■監査には内部監査と外部監査とがある

監査には、監査を実施する主体(監査者)により、**内部監査**と**外部監査**とがあります。

また、監査者と監査を受ける被監査者の組み合せにより、**第一者監査、第二者監査、第三者監査(審査)**とがあります(8-21項参照)。

第一者監査を内部監査といい、第二者監査、第三者監査を外部監査といいます。

■第一者監査は組織自体が行う監査をいう

第一者監査とは、組織の環境マネジメントシステムを、組織自体(内部監査員又は代理人)によって行われる監査をいいます。

―組織とは、独自の機能及び管理体制をもつ企業、会社、官公庁、協会をいう―

第一者監査は、組織の環境マネジメントシステムを組織内部の監査員(代理人を含む)が監査することから、内部監査といいます。

■第二者監査は利害関係者が行う監査をいう

第二者監査とは、**サプライヤー監査**ともいい、組織の環境マネジメントシステムを、顧客など、その組織の利害関係者又はその代理人によって行われる監査をいいます。

―利害関係者とは、組織の環境パフォーマンス又は結果に興味をもつ人又は団体をいう(**ISO14050**、3.6項)―

また、外部提供者の環境マネジメントシステムを、利害関係者である組織が行う監査も第二者監査となります。

■第三者監査は認証機関が行う監査(審査)をいう

第三者監査(審査)とは、認証制度において、認証機関が、組織の環境マネジメントシステムが、**ISO14001**規格の要求事項への適合性を認証/登録することを目的として行われる監査(審査)をいいます。

9-5 内部監査は環境マネジメントシステム監査である

■内部監査は体系的で独立したプロセスである

環境マネジメントシステムにおける**内部監査**とは、組織の環境マネジメントシステムが監査基準を満たしている程度を判定するために、監査証拠を収集し、それを客観的に評価するための体系的で、独立し、文書化されたプロセスをいいます。

■内部監査は環境マネジメントシステム監査

内部監査は、組織が定めた環境方針、環境目標への準拠を確保し、環境保全という目的のために、組織の環境マネジメントシステムの体制・管理が正しく運営されているかを証拠によって立証し、公平、客観的に評価を行う経営管理の一環をいいます。

ISO14001規格における内部監査は、**環境マネジメントシステム監査**を要求しております。

―監査基準はISO14001規格である―

■内部監査は適合性・有効性を検証する

内部監査では、組織の環境マネジメントシステムが、ISO14001規格の要求事項に適合しているかを検証します。

また、環境マネジメントシステムに関して、組織自体が規定した要求事項に適合しているかを検証します。

そして、環境マネジメントシステムが有効に実施され、維持されているかを検証します。

■監査プロセスの客観性・公平性を確保する

内部監査では、監査員が監査の対象となる活動に関する責任を負っていないことで、監査プロセスの客観性・公平性を確保します。

■内部監査の結果は経営層に提供する

内部監査の結果は、経営層に報告し、マネジメントレビューのインプットとします。

9-6 監査には六つの原則がある

■監査は原則順守により信頼あるツールとなる

監査には原則があり、その原則を順守して監査を行えば、マネジメントを支援する効果的で信頼のおけるツールとなります。

■監査員に関係する原則が三つある

● その1－高潔さ：職業専門家であることの基礎

監査員は、自身の業務を公平な進め方で、正直に、勤勉に、かつ、責任感をもって行い、力量を実証することです。

● その2－公正な報告：ありのままに、かつ正確に報告する義務

監査所見、監査結論及び監査報告は、ありのままに正確に監査活動を反映することです。

● その3－職業専門家としての正当な注意：監査の際の広範な注意及び判断

監査員は、自らが行っている業務の重要性、並びに監査依頼者及びその他の利害関係者が監査員に対して抱いている信頼に見合う注意を払うことです。

力量をもつことは重要な要素の一つです。

● その4－機密保持：情報セキュリティ

監査員は、その任務において得た情報の利用及び保護について慎重であることです。

■監査に関係する原則が二つある

● その1－独立性：監査の公平性及び監査結論の客観性の基礎

監査員は、監査の対象の活動から独立した立場にあり、すべての場合において、偏り及び利害抵触がない形で行動することです。

● その2－証拠に基づくアプローチ：体系的な監査プロセスにおいて、信頼性及び再現性のある監査結論に到達するための合理的な方法といえます。

9-7 監査依頼者・監査員・被監査者の関係

■**監査における監査依頼者・監査員・被監査者**

監査は、監査依頼者、監査員、被監査者より構成され、それぞれの役割と責任において実施されます。

内部監査では、監査依頼者はトップマネジメント、監査員は組織の要員（内部監査員）又はその代理人、被監査者は組織となります。

■**監査依頼者の役割と責任**

監査依頼者とは、監査を要請する組織又は人をいい、その役割と責任は次のとおりです。
- 監査の必要性と監査の目的、範囲を決める
- 監査チームリーダーを選び、監査チームの編成を承認する
- 監査計画をレビューし、承認する
- 監査報告書を受領し、必要があれば、フォローアップの処置を決定し、その旨を被監査者に通知する

■**監査員は監査を行う力量をもつ人をいう**

監査員に求められる力量とは、実証された個人的特質及び知識と技能を適用するための実証された能力をいいます。

環境監査員の知識・技能には、監査の手順及び技法の他に、環境マネジメントの手法、環境技術などがあります。

■**被監査者の役割と責任**

被監査者とは、監査される組織をいい、次のような役割、責任があります。
- 関係要員に監査の目的・範囲を周知する
- 監査チームが必要とする設備、要員、関連する情報・記録に接するようにする
- 監査チームメンバーに同伴する有能なスタッフを指名する
- 監査目的を達成させるよう監査チームに協力する

9-8 監査プログラムを策定する

■監査プログラムは計画された一連の監査

監査プログラムとは、特定の目的に向けた、決められた期間内で実行するように計画された一連の監査をいいます。

監査プログラムは、監査を計画し、手配し、効果的に実施するに必要なすべての活動を含みます。

組織全体にわたる環境マネジメントシステムに関して、今年度に行う内部監査の計画、実施は、監査プログラムの例です。

■監査プログラム管理責任者を任命する

トップマネジメントは、監査プログラム管理責任者を任命します。

監査プログラム管理責任者は、監査の原則、監査員の力量、監査技法の適用、監査を受ける活動の技術を理解し、管理能力があることが望ましいです。

■監査プログラム管理責任者の責任
- 監査プログラムの目的・範囲を設定する
- 資源が確実に提供されるようにする
- 監査プログラムが実施されるようにする
- 監査プログラムを監視し、レビューし、改善する

■監査プログラムの範囲は組織の規模に影響

監査プログラムの範囲は、監査の対象となる組織の規模、性質、複雑さ及び実施するそれぞれの監査の範囲・目的・期間、監査の頻度、活動の数、重要性などに影響を受けます。

■監査プログラムに必要な資源を特定する
- 監査活動を計画し、実施し、管理し、改善するために必要な財源
- 監査員の力量を確保するため、監査技法を習得するための資源

9-9 監査プログラムを実施する

監査プログラムの手順を確立する

監査プログラムを実施する

監査プログラムをレビューし改善する

監査プログラム実施の記録を残す

■監査プログラムの手順で対処する事項
- 監査を計画し、スケジュールを作成する
- 監査チームリーダー及びメンバーの力量を保証する―力量を考慮してチームを編成―
- 適切な監査チームを選定し、役割及び責任を割り当てる―メンバーの役割の明確化―
- 監査を行う
- 監査のフォローアップを行う

■監査プログラムを実施する
- 関係者(内部監査員、被監査者)に監査プログラムを連絡する
- 監査プログラム(監査手順)に従って監査の実施を確実に行う
- 監査活動の記録の管理を確実に行う
- 監査報告書のレビュー及び承認を確実に行い、監査報告書を監査依頼者及び定められた関係者に確実に配付する

■監査プログラムの実施の証拠を記録に残す
- 個々の監査に関係する記録
―監査計画・監査報告書・是正処置報告書―
- 監査プログラムのレビューの結果
- 監査員に関係する記録
―監査員の力量の評価及びパフォーマンスの評価・監査チームの選定の記録―

■監査プログラムを監視しレビューする

　監査プログラムの目的が満たされているか評価するため及び改善の機会を特定するために監査プログラムの実施を監視し、適切な間隔でレビューします。

　レビューの結果は、トップマネジメントに報告します。

　例えば、不適合検出件数が減少しているのに、環境パフォーマンスが得られないのは、監査員の力量が低いので向上を図ります。

9-10 内部監査システムを確立する

■内部監査導入のキックオフ大会を開催する

　内部監査を導入し、定着を図るには、トップマネジメントの内部監査導入の決意を組織に周知・徹底し、その必要性を認識してもらうため**キックオフ大会**を開催するとよいです。

　内部監査は、ISO14001規格の要求事項ですから、環境マネジメントシステム構築のキックオフ大会と一緒に行うとよいです。

■監査プログラム管理責任者を決める

　トップマネジメントは、内部監査の監査プログラム管理責任者を決めます(9-8項参照)。

　一般に、ISO14001規格の環境マネジメントシステムを推進管理する責任者(例：環境管理部長)が兼任していることが多いです。

　監査プログラム管理責任者のもとに、事務局(例：環境管理部)を設け、役割を明確にし、内部監査の運営に当たるとよいです。

■内部監査規定を作成する

　内部監査を計画し、実施するための手順を**"内部監査規定"**に文書化するとよいでしょう。
　―環境マニュアルに手順を記述してもよい―
　内部監査規定は、監査プログラム管理責任者が作成し、トップマネジメントの承認を得たのち、関係者に配付するとよいでしょう。

■内部監査実施年度計画を作成する

　内部監査は、ISO14001規格にあらかじめ定めた間隔で実施するよう要求されており、一般に、監査プログラム管理責任者が**"内部監査実施年度計画"**を作成しています。

■内部監査の作業文書を作成する

　内部監査の作業文書には、チェックリスト、内部監査報告書、是正処置要求・回答書などがあり、これらを作成するとよいです。

9-11 内部監査の目的・範囲・基準を特定する

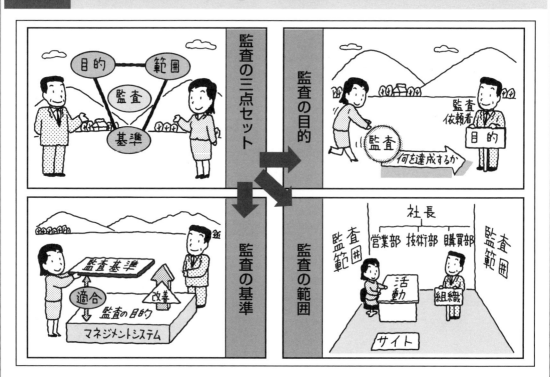

■**監査の目的・範囲・基準は監査の三点セット**

監査プログラムの全体的な目的の枠内で、個々の監査は、文書化された**監査目的・監査範囲・監査基準**に基づいて行います。

これらは、監査依頼者が環境マネジメントシステムの活動状況を考慮して決めます。

■**環境マネジメントシステムの内部監査の目的**

内部監査の目的は、その監査で何を達成するのかを明確にすることです。
- **被監査者の環境マネジメントシステムの監査基準への適合の程度判定（適合性の検証）**
  —認証／登録の取得・維持のため、及び顧客の信頼を得るため—
- **法令、規制及び契約上の要求事項への適合を確実にするための判定（順守評価）**
- **環境マネジメントシステムの改善の可能な領域の特定（有効性の検証）**

■**監査の範囲とは監査の及ぶ領域・境界をいう**

内部監査の**監査の範囲**とは、工場、作業場、事務所など監査すべき場所（サイト）、部又は課などの組織単位、業務活動、プロセス、及びいつからいつまでかの活動期間を監査対象とするかを特定することをいいます。

監査の範囲とは、監査の及ぶ領域及び境界を示すものです。

■**適合性を判定する基準を監査基準という**

監査基準は、適合性の判定の基準として用い、適用される、方針、手順、規格、法律及び規制、マネジメントシステム要求事項、契約上の要求事項、業界の行動規範などです。

環境の内部監査では、**ISO14001**規格要求事項、環境方針、環境マニュアル、規定、順守義務（法的要求事項・組織が同意するその他の要求事項）などが監査基準となります。

9-12 内部監査の監査チームを編成する

■力量のある適格者から監査チームを編成する

監査プログラム管理責任者は、内部監査を実施するため、内部監査員適格者登録名簿から、監査の目的及び監査対象に相応しい力量を有する者を選定し、監査チームを編成します。
—内部監査員は、監査についての教育を受けさせ、適格者として登録するとよい—

監査チームは、監査を行う一人以上の監査員からなり、必要な場合は、技術専門家、訓練中の監査員を含めることができます。

監査チームの中の一人の監査員は、**監査チームリーダー**に指名されます。

訓練中の監査員を監査チームに加える場合は、監査チームリーダーの指揮・指導のもとに、監査を行うことができます。

また、監査員の独立性は、監査員が監査の対象となる活動に関する責任を負っていないことで実証することができます。

■必要な場合監査チームに技術専門家を加える

監査チームメンバーは、監査の目的を達成するために、必要な知識及び技能のすべてが備わっているように選定します。

監査チームの監査員だけでは、必要な知識及び技能が完全には確保できない場合は、**技術専門家**を加えることによって満たします。

■監査チームリーダーの責任

監査チームリーダーは、監査のすべての局面に対して、最終的に責任・権限があります。
- 監査の行為に最終決定を下す
- 監査所見（適合・不適合）について最終決定を下す
- 監査計画を作成する
- 初回会議・最終会議を開催する
- 不適合に対し是正処置を要求する
- 監査報告書を監査依頼者に提出する

9-13 事前に文書レビューを行う

■**内部監査実施を被監査者へ事前に連絡する**

監査プログラム管理責任者(内部監査事務局)は、内部監査の実施について、次の事項を事前に被監査者に連絡します。
- 内部監査の実施日、監査対象となる範囲(サイト・部門)を連絡し、確認する
- 記録を含む関連する文書の閲覧を要請する
- 内部監査を受けるための手配を依頼する
- 監査チームの構成に関する情報を伝える

■**文書レビューは監査計画書作成の情報を得る**

内部監査における文書レビューには、次のような目的があります。
- 文書化されている範囲において、組織の環境マネジメントシステムの監査基準に対しての適合性を判定する
- 有効な内部監査計画書を作成するための組織のプロセス活動を把握する

■**文書レビューの対象となる文書**

文書レビューは、監査チームリーダーが被監査者の文書を事前にレビューすることです。

この文書には、環境マネジメントシステム文書(環境マニュアル[注]・規定・手順書)、記録、並びにこれまでの内部監査報告書を含めるとよいでしょう。(注:作成している場合)

特に、前回の内部監査から変更になっている文書のレビューが必要です。

この文書レビューでは、組織の規模、性質、複雑さ、並びに監査の目的及び範囲を考慮に入れるとよいです。

■**文書が不適切の場合は連絡する**

文書に問題が発見され、不適切と判断した場合は、監査チームリーダーは、監査依頼者、監査プログラム管理責任者及び被監査者に連絡し、監査を続行するか判断を仰ぎます。

9-14 内部監査の監査計画を策定する

内部監査の監査計画

目的・範囲・基準検討

監査計画の承認

監査作業割当

■内部監査における監査計画の目的

内部監査の監査計画は、監査依頼者、監査チーム及び被監査者の間で、監査の実施に関する合意内容を確認するために、監査チームリーダーが、個々の**内部監査計画書**を策定します。

これにより、内部監査活動のスケジュール作成及び調整をしやすくすることができます。

■内部監査の監査計画に含める事項
- 監査の目的・監査基準及び関連文書
- 監査を受けるサイト、組織単位、部門単位及びプロセスの特定を含む監査範囲
- 内部監査を行う日時及び場所
- 監査活動の予定の時刻及び所要時間
- 監査チームメンバーと同行者の役割と責任
- 被監査者の管理層との会議(初回会議・最終会議)及び監査チーム内の会議

■監査目的・範囲・基準は監査依頼者が提示

内部監査では、監査依頼者(実務的には監査プログラム管理責任者)から監査の目的・範囲・基準、監査実施日などが提示されます。

監査チームリーダーはこの内容で監査目的が達成できるか検討しなくてはなりません。

■監査チームへ監査作業を割り当てる

監査チームリーダーは、メンバーと協議し特定のプロセス、部門、現場、領域又は活動を監査する責任をメンバー一人ひとりに割り当てます。

この割当てに際しては、監査員の独立性及び力量に関するニーズを考慮することです。

■監査計画は監査依頼者の承認を得る

監査計画は、監査依頼者がレビュー・承認し、事前に被監査者に提示します。

9-15 初回会議を開催する

■監査実施前に行う会議を初回会議という

　初回会議とは、**監査前会議**ともいい、内部監査での証拠収集を始める前に、監査チーム全員、被監査者の代表者、監査を受ける部門もしくはプロセスの責任者(被監査者)が一堂に会して行う会議をいいます。

　初回会議では、監査チームリーダーが議長を務め、出席者の記録を残すとよいでしょう。

■初回会議では**監査計画を相互に確認する**

　内部監査では、形式ばった初回会議は必要ありませんが、次に示す目的をお互いによく理解して、監査の実施をお互いに協力し合って行われるような雰囲気づくりが重要です。
- 監査計画を確認する
- 監査活動をどのように実施するかの要点を紹介する
- 被監査者が質問をする機会を提供する

■初回会議では、次の事項を議題とするとよい

　初回会議では、次の事項を確認します。
- **監査チーム、被監査者の役割**の概要の紹介
- **監査の目的、範囲及び基準**の確認
  —例:認証機関の認証／登録の準備・事業部の全部門・環境関連基準文書—
- **監査のスケジュール**についての確認
  —監査の時間割と各監査チームメンバーの役割分担を監査スケジュール表で説明し被監査者の同意を求める—
- **監査実施の方法及び手順**
  —監査証拠は、入手可能な情報のサンプルだけに基づくこと—
- 監査での被監査者の対応者
- 監査中の便宜、協力の要請
- 最終会議の内容の説明と責任者の出席確認
- 社内及び社外に対しての機密保持の確認
- 不明点、疑問点の解決

9-16 情報収集から監査結論までの手順

■情報を収集し監査所見により監査結論を導く

監査員は、監査中、被監査者との面談、文書の調査並びに関係分野における活動及び状態の観察を通じて、監査の目的、監査範囲及び監査基準に関連する情報を、適切なサンプリングによって、収集し、検証することが望ましいです。

検証可能な情報だけを監査証拠とし、監査証拠は入手可能な情報からのサンプリングに基づいたものとし、記録するとよいです。

監査証拠を監査基準に照らして評価し、**監査所見**を作成します。

監査所見では、監査基準に対して**適合**又は**不適合**、そして改善すべき事項を示します。

監査チームは、監査所見及び監査中に収集したその他の適切な情報を、監査の目的に照らしてレビューし、**監査結論**を作成します。

情報収集から監査結論に至る手順

- 情報源
- サンプリングによる情報収集
- 監査証拠
- 監査基準に基づく評価
- 監査所見
- レビュー
- 監査結論

9-17 情報収集には"文書監査"と"現場監査"がある

■ "文書監査"と"現場監査"

内部監査において、情報の収集は、被監査者との面談によりますが、監査する対象により、**文書監査**と**現場監査**とがあります。

■ 文書監査は内容が監査基準への適合をいう

文書監査とは、"書類監査"ともいい、環境マネジメントシステム文書に規定されている内容が、監査基準の要求事項に適合しているかを検証することをいいます。

例えば、環境マニュアルを監査対象とし、**ISO14001**規格を監査基準とすれば、環境マニュアルに規定されている内容が、**ISO14001**規格の要求事項に適合しているかを監査します。

また、文書管理規定に記載されている内容が、**ISO14001**規格の箇条7.5項「文書化した情報」(6-39項参照)の要求事項を満たしているかを監査します。

■ 現場監査は業務の監査基準への適合をいう

現場監査とは、監査員が監査対象部署に出向き、ISO14001規格、環境マネジメントシステム文書に規定された通りに、業務を実施しているかを監査することをいいます。

この際、記録などの提示を求めます。

現場とは、製造・サービス提供現場だけでなく、設計・購買部門のなどの職場を含みます。

例えば、ばい煙発生設備であるボイラーを監査対象とし、その運転手順書を監査基準とすれば、ボイラーが手順書どおり運転されているかを運転現場に行って検証します。

■ 文書監査と現場監査は車の両輪である

内部監査において、環境マネジメントシステムの活動の実体を検証するには、文書監査とともに、巡視により現場を検証する現場監査が、車の両輪として不可欠といえます。

9-18 サンプリングにより情報を収集する

■ **情報収集はサンプリングにより行う**

内部監査における情報収集は、限られた人員(監査員)と日程で実施しますので、監査対象部署(被監査者)の活動、製品、サービス、文書、記録のすべてを監査することは困難といえます。

そのため、監査すべき対象から、あらかじめ設定した**サンプリング方式**によって、監査対象を決めます。

■ **監査対象サンプルをとる基本的考え方**

サンプルとして監査対象とする活動、製品、サービス、文書、記録は、サンプリングにより、監査員が特定します。

被監査者があらかじめ用意し、自発的に提示されるサンプルではありません。

―被監査者が事前に用意するサンプルは、一般に、適合のサンプルである―

■ **サンプリングのしかた**

● **母集団を特定する**

―母集団を特定するには、母集団に含まれるすべての単位体のリスト、ファイル、台帳などを被監査者に提示を求める―

―**母集団**とは、監査員が結果を導き出そうとしている対象の全体をいう―

例:監査対象を文書とすれば、文書管理台帳が母集団です。

● **母集団を層別する**

―**層別する**とは、母集団全体が均一に監査できるように、種類別に区分すること―

例:文書管理台帳から文書を規定、手順書、図面などに区分する。

● **サンプルを選ぶ**

―母集団を層別した、それぞれのグループからサンプルを選ぶ―

例:規定、手順書、図面からそれぞれ選ぶ。

9-19 情報収集は被監査者との面談で行う

■監査員の被監査者との面談で考慮すべき事項

　内部監査において、監査員の被監査者との面談は、情報を収集するための重要な手段の一つで、その場の状況及び被面談者に合わせて行い、次の事項を考慮するとよいでしょう。
- 面談は、活動又は業務を遂行している適切な階層又は部門の人に対して行う
- 面談は、差し支えなければ、被面談者の普段の職場で行う
- 面談を行う理由、及びメモをとるのであれば、その理由を説明する

■監査員は監査中次のような態度をとるとよい
- 礼儀を重んじ、毅然とした態度で被監査者と接する
- 親切心と寛容さを忘れない
- 倫理的な行動をとる
- 被監査者と対等な立場で対応する

■監査員が面談で行うとよい事項
- 質問を多くし、相手の話を聞くこと
　―相手が話すことにより情報が得られる―
- 事実を把握すること
　―監査員の主観、推測はさける―
- 相手を褒めること
　―正しく実行されていれば称賛する―

■監査員が面談で行ってはならないこと
- 知ったかぶりをしないこと
　―自分は"有能"であると慢心しない―
- 論争しないこと
　―監査に来たことを忘れるな―
- 相手の上司の批判をしないこと
　―部下の批判もするな―
- 他部署の問題点を引合いに出さないこと
　―相手は自分の問題点も他で言われていると思い、口を閉ざす―

9-20 被監査者への質問はチェックリストによる

■チェックリストとはどういうものか

内部監査を効果的に行うには、事前に確認項目と質問内容を記載したチェックリストを作成することが望ましいです。

チェックリストとは、環境マネジメントシステム、法令・規制の順守状況、自主的な環境計画を監査するために使う文書をいいます。

■チェックリストは次のような手順で作成する
- 監査で見る対象とする事象・事物を決める
  ―事象・事物には、文書・記録、業務・作業、製品・サービス、設備などがある―
- 監査対象に対する要求事項を規定した文書(監査基準文書)に基づいて、**監査すべき項目(チェック項目)**を決める
  ―サンプルサイズ、確認の方法を決める―
  ―チェック項目を確認するための質問のしかたを決める―

■標準形と自己記載形チェックリストがある

チェックリストの形式には、すでにチェック項目と質問事項が作成されている**標準形**と監査員自身が作成する**自己記載形**があります。

標準形はすぐに使用できる利点はあるが、具体性に欠け、やや甘くなる傾向にあります。

自己記載形は自組織に特定した内容にできる利点はあるが作成に力量を必要とします。

■チェックリストには次のような利点がある
- 質問事項を事前に準備するため、監査時間が節約できる
- これまでの監査経験に基づき改善できる
- 監査員が欲しい情報が得られる

■チェックリストは監査記録となる

チェックリストは**監査メモ**として適合であったか、不適合であったかの記録となります。

9-21 質問は表現・問い方・内容の三要素からなる

■質問は表現・問い方・内容を考慮して行う

内部監査における被監査者との面談において、監査員の質問により、被監査者が積極的に対話に参加し、より多くの情報量をもつ回答を引き出すためには、質問を構成する"表現"、"問い方"、"内容"の三要素を十分に考慮する必要があります。

■質問は次のように表現するとよい
- 質問内容を一点に的を絞って集中する
  ―一問一答で質問する―
- テーマに直接関係のある質問をする
  ―まわりくどい質問は避ける―
- 肯定的な見方で質問する
  ―否定的な見方での質問はしない―
- 相手が理解できる用語で質問する
  ―専門用語での質問はできるだけ避ける―
- 堅くなく、やわらかな表現で質問する

■問い方には"発展形"と"完結形"とがある

質問の問い方には、"発展形質問"と"完結形質問"とがあります(9-22項参照)。

発展形質問は、5W1Hにより事実についての情報を収集し、あらゆる側面を調べるのに役立ちます。

完結形質問は"はい"、"いいえ"で回答できる質問で、相手の意識などを理解するのに適しています。

■質問には、次のような内容のものがある
- 事実を問う……情報又は意見を求める
- 選択させる……複数項目から選択を強いる
- 誘導する……質問者の意図する方向に導く
- 仮定する……事態を想定し回答を求める
- 強調する……回答を求めず強く話しかける
- 妥当性を問う……相手に分析させ、その妥当性を問うことにより、議論を深める

9-22 質問には発展形と完結形とがある

■監査員は情報量の多い発展形質問をする

監査員が、監査証拠収集において、被監査者から多くの情報を得るには、議論を活発にする5W1Hによる発展形質問を多くするとよいです。

<5W1H>
- Who：誰が…責任者、担当者、部門名
  —誰がするのですか？—
- Why：なぜ…理由、目的、目標
  —なぜするのですか？—
- When：いつ…日時、期日、頻度、開始
  —いつするのですか？—
- Where：どこで…サイト、工程、部門
  —どこでするのですか？—
- What：何を…製品、サービス、活動
  —何をするのですか？—
- How：どのように…手順書、仕様書
  —どのようにするのですか？—

■完結形質問による切口から発展形質問に導く

完結形質問は、被監査者が、"はい"、"いいえ"で回答するので、被監査者の意志を確認するには便利ですが、多くの情報を得るには不向きといえます。

チェックリストは完結形質問形式が多いので、完結形質問による切口から、発展形質問への導き方を、次に説明します。

- "〜がありますか"の完結形質問に対して"はいあります"の回答なら、"それを見せて下さい"と質問し、発展形質問(5W1H)で情報を得るようにします。
- "〜がありますか"の完結形質問に対して"いいえありません"の回答なら、"なぜ、それがなくてもよいのですか、教えてください"と質問し、発展形質問(5W1H)で情報を得られるようにします。

—"いいえ"の回答で質問を打切らない—

9-23 適正な回答を得るための質問のテクニック

■ 監査員の質問のテクニック

　監査員が被監査者との面談において、適正な回答を得るには、質問の内容のテクニックと質問相手の選び方のテクニックがあります。

■ 簡潔にポイントを選び質問をする

- 被監査者が内容を理解できる質問をする
  ―抽象的な内容の質問をしない―
  ―あまり範囲の広い質問をしない―

■ 見せて欲しい、教えて欲しいと質問する

- よく分からないから "見せて欲しい"、"教えて欲しい" と頼む姿勢が望ましいです
  ―これにより監査証拠の提示を求め、確認、評価することができる―
- 監査員は被監査者よりもよく知っているのだ、という態度を示さない方がよいです
  ―被監査者は話す必要はないと考える―

■ 当事者に質問する

　環境マネジメントシステムの実行に直接かかわっている人に質問します。
　―実際に作業している人、その部署の責任者に質問する―

■ 管理者と担当者を分けて質問する

　管理者のいるところで、担当者に質問しても "現実の姿" そのままの回答を得るとは限りません。
　―担当者は管理者を気にすることがある―

■ 同じ質問を異なる人にする

　同じ質問を異なる人にすると、被監査者の環境マネジメントシステムに対するプロセスの確立を確認できます。
　―被監査者の回答に相違があれば問題です―
　―差のあるところに不適合あり―

9-24 監査証拠を評価し監査所見を作成する

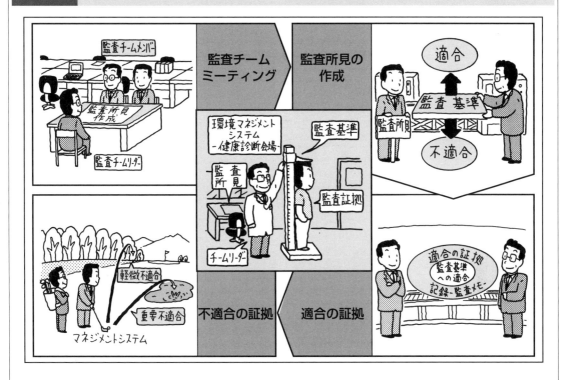

■**監査チームは監査所見を作成する**

監査チームは、被監査者との面談などによる情報の収集が終了したら、監査チームミーティングを行います。

チームミーティングでは、検証可能な情報だけを監査証拠とし、監査基準（例：ISO14001）に照らして監査所見を作成します。

監査所見とは、収集された監査証拠を監査基準に対して評価した結果をいいます。

■**監査証拠には計画面と運用面とがある**

監査証拠とは、監査基準に関連し、かつ、検証できる記録、事実の記述をいいます。

監査証拠には要求事項（監査基準）に対してどのようにするかの**計画面の証拠**（文書例：環境マニュアル・規定）と、要求事項に対してこのように実施したという**運用面の証拠**（記録例：監査報告書・校正記録）があります。

■**監査所見には次のような種類がある**

監査所見には、監査基準に対して"**適合**""**不適合**"とがあり、監査の目的で規定されている場合に"**改善の機会**"を特定できます。

- **適合**とは要求事項を満たしている事をいう
  ―適合の証拠を記録しておく―
  ―要求事項の例：ISO14001規格、法令規制要求事項、環境マニュアル、規定類―
- **不適合**とは要求事項を満たさない事をいう
  不適合は、次のように表明します
  ■**監査基準**…不適合の根拠となる要求事項
  ■**不適合の状況**…何が不適合なのか
  ■**不適合の証拠**…計画面・運用面の証拠
- 改善の機会の例としては
  ■不適合にする証拠が不十分
  ■このまま放置しておくと近い将来、不適合を発生することが予想される状況
  ■システムを改善することが望ましい場合

9-25 監査所見から監査結論を導く

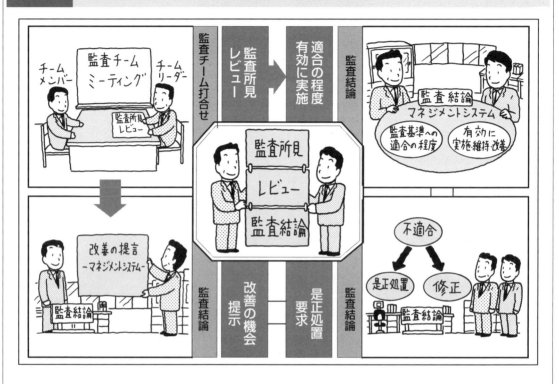

■監査チームミーティングで監査結論を導く

監査チームミーティングの目的は、各メンバーが収集したすべての監査証拠、監査所見をチーム全体でレビューし、最終会議で報告する監査所見及び監査結論についてのチームとしての統一見解をチームリーダー主導のもとに決定することにあります。

監査チームミーティングで、最終会議前に決定すべき事項は、次のとおりです。
- 監査所見及び監査中に収集したその他の適切な情報を、監査の目的に照らしてレビューする
- 監査プロセスに内在する不確実性を考慮したうえで、監査結論について合意する
- 監査の目的で規定している場合は、改善の機会の提言を作成する
- 監査計画に含む場合は、監査のフォローアップ（是正処置）について協議する

■内部監査の監査結論の例は次のとおりである

監査結論とは、監査目的とすべての監査所見を考慮したうえで、監査チームが出した監査の結論をいいます。

内部監査における監査結論の例としては
- 現在の環境マネジメントシステムは、監査所見を総合的に評価した結果、ISO14001規格の要求事項に適合していました
- 現在の環境マネジメントシステムは、監査所見を総合的に評価した結果、組織が決めた環境目標、環境マニュアル、規定どおりに適切に実施されていました

■不適合に対して是正処置要求書を作成する

監査チームは、監査所見での個々の不適合に対して、監査基準、不適合の状況、不適合の証拠を明確にし、最終会議で被監査者に提示する是正処置要求書を作成します。

9-26 最終会議で被監査者に監査結論を提示する

■**最終会議は次の事項を目的として開催する**

最終会議は、被監査者に理解され認めてもらえる方法で、監査所見及び監査結論を提示し、さらに該当する場合には、被監査者が不適合について是正処置計画を提示する時期について合意することを目的として開催します。

最終会議は監査チームと被監査者が参加し監査チームリーダーが議長を務めます。

■**最終会議の議事は次のようにすすめるとよい**

- 内部監査の目的、範囲、基準を再確認する
- 監査所見を報告する
  ◇監査チームリーダーが不適合の総括を述べ、個々の不適合は、それぞれの担当監査チームメンバーが説明する
  ◇不適合は、検出部門、監査基準、不適合の状況、不適合の証拠を明示し、被監査者の合意を得る
  ◇監査の目的で規定している場合は、改善の提言をする
  ―提言には拘束力がないことを強調する―
- 監査所見及び/又は監査結論に関して、監査チームと被監査者との間で意見の食い違いが生じた場合は、協議し可能であれば解決することが望ましい
  ―解決に至らない場合は、すべての意見を記録に残すことが望ましい―
- 被監査者が合意した不適合に対して、是正処置を要求する
  ―是正処置要求書を提出し、被監査者と是正処置の提出期限を協議する―
- 監査はサンプリングで行われたので、提示した不適合がすべてでないことを説明する
- 監査チームリーダーが、監査結論を被監査者に提示する
- 被監査者の協力に対しお礼を述べる

9-27 内部監査報告書を作成する

■**内部監査報告書作成の目的は三つある**
- 内部監査報告書は、監査依頼者であるトップマネジメントに提出され、マネジメントレビューのインプットとして、組織の環境影響の監視体制整備の効果と適合性の情報を提供します
- 内部監査報告書は、被監査者に監査結果を伝え、是正処置の促進を図ります
- 内部監査報告書は、認証機関の審査時に内部監査実施の記録として利用します

■**報告書はチームリーダーの責任で作成する**
　監査チームリーダーは、内部監査報告書の作成とその内容に責任をもちます。
　内部監査報告書は、監査チームが被監査者と最終会議で確認し、合意した事項の事実だけを記載します。

■**内部監査報告書には次の事項を記述する**
- 監査の目的、監査基準
- 監査範囲、特に、サイト、監査を受けた組織単位、部門単位又はプロセスの特定、並びに監査の対象とした期間
- 監査依頼者の名称
- 監査チームリーダー及びメンバーの特定
- 現地監査活動を行った日時及び場所
- 監査所見、監査結論
　次に示す事項を含めてもよいです。
- 監査計画
- 監査チームと被監査者との間で解決に至らなかった意見の食い違い

■**内部監査報告書は監査依頼者の承認を受ける**
　内部監査報告書は、監査プログラムの手順に従って、日付を付し、監査依頼者のレビュー及び承認を受けます。

9-28 内部監査での不適合は是正処置をとる

■是正処置とは不適合の再発防止処置をいう

是正処置とは、不適合の原因を除去し、再発を防止するための処置をいいます。

是正処置は、既に発生し、顕在化した不適合の原因を除去して再発防止の処置をとることで、修正つまり、検出された不適合を除去するための処置ではありません。

■是正処置はラインの指揮系統で行うとよい

内部監査における監査所見（不適合）に対応するために必要な是正処置は、監査依頼者又は被監査者の責任で決定することが望ましいです。

是正処置は、監査チームリーダーが監査依頼者に是正処置要求書を提出し、監査依頼者から被監査責任者に指示するとよいです。

是正処置は、ラインの指揮系統のもとに、通常業務の一環として行うのがよいです。

■是正処置の手順は次のとおりである
- 不適合を検出する
- 不適合による影響を緩和する処置をとる
- 不適合の原因を究明する
- 是正計画（是正処置案）を作成する
- 是正計画（是正処置案）を評価する
- 是正計画（是正処置案）を実施する
- とられた是正処置の有効性をレビューする
- 変更手順を環境マネジメントシステム文書に反映する

■是正処置の結果をトップに報告する

監査チームは、是正処置の確認結果及び完結を是正処置要求書に記録し、推進（管理）責任者を通じてトップマネジメントに報告し、マネジメントレビューのインプットとします。

これにより環境マネジメントシステムの継続的改善を図ります。

9-29 内部監査員は是正処置に対し助言する

■**是正処置の責任は被監査者にある**

内部監査において、被監査者（又は監査依頼者）は、自部門に起因する不適合に対して、自分たちで是正処置を考えて解決し、改善する責任があります。

■**内部監査員は是正処置に対し助言する**

内部監査においては、監査員も被監査者と同じ組織に勤務する同僚であり、自組織の環境マネジメントシステムの改善に対しては同じ立場にあります。

監査員は、被監査者に対し、是正処置を要求するだけでなく、どのようにしたら是正処置の要求を満たせるかの助言を行うことが望ましいです。

ただし、助言には拘束力はなく、助言を受け入れるかどうかは、あくまでも被監査者の責任で決めることです。

■**認証機関の審査員の責任**

認証機関の審査員は、審査において不適合を明確にし、是正処置を要求することのみに責任があります。

是正処置に対し助言をすることは、コンサルテイションになり禁止されています。

■**監査員は被監査者の是正計画を評価する**

監査員は、被監査者からの是正計画（是正処置案）を評価するにあたっては、不適合に対して、**現状の処置、根本原因の究明、暫定処置、恒久処置、遡及措置**がとられているかを確認することが望ましいです（6-65項参照）。

―**現状の処置**とは、不適合を除去して適合にする修正のことです―

是正計画（是正処置案）の内容が不十分の場合は、被監査者に返却し、再度検討させるようにします。

9-30 是正処置の実施完了をフォローアップする

■フォローアップは是正処置の実施を確認する

　フォローアップ活動は、最終会議で被監査者と監査所見の合意に達し、是正処置要求書を被監査者に提出したところからスタートします。

　そして、不適合に対して適切な是正処置（再発防止対策）が実施され、完了されたことの確認で終了します。

　フォローアップ活動で重要なことは、次の事項です。
- 不適合に対し、根本原因の究明がなされ、それに対応した是正処置（再発防止対策）が実施されていること
- 適用した再発防止対策が機能しているか否かの有効性の評価が確実にされていること

　是正処置の有効性の確認は、再発防止ができているか否かを適切な期間、監視した客観的事実に基づき判定することが基本です。

■フォローアップの対象と確認内容

　フォローアップは、前回の内部監査で監査員によって指摘された不適合に関する是正処置の実施のみを対象とします。

　したがって、フォローアップは、被監査者の是正処置の実施とその効果を確認します。

　フォローアップの結果が満足するものであれば、監査依頼者に報告し、内部監査を終了とします。

■フォローアップには三つのタイプがある
- 是正処置の実施を再度監査するフォローアップ監査を行う―重要な不適合の場合―
- 是正処置実施完了を文書類の制定、改訂又は実施を示す記録で確認する
- 是正処置の実施と効果を、次回の監査、例えば定期監査のときに確認する（監査の連続性）―軽微な不適合の場合―

索　引

英・数

5W1H	156, 157
Act	45
ANNEX SL	34
CD	22
Check	45
DIS	22
Do	45
FDIS	22
IS	22
ISO	20
ISO/TR14032	26
ISO/TR14048	26, 31
ISO/TR14049	26, 31
ISO/TR14062	26
ISO14000シリーズ規格	25, 26
ISO14001	26, 41
ISO14001規格	43
ISO14004	26
ISO14004規格	25, 28
ISO14015	26
ISO14020	26, 30
ISO14021	26, 30
ISO14024	26, 30
ISO14025	26, 30
ISO14031	26
ISO14040	26, 31
ISO14044	26, 31
ISO14045	26, 31
ISO14047	26, 31
ISO14050	26
ISO14050規格	32
ISO14063	26
ISO19011	26
ISO19011規格	25, 29
JAB	107
JIS Q 14001	40
NP	22
PDCA	12, 103
PDCAサイクル	87
PDCAモデル	45
Plan	45
PWI	22
TC207	21
WD	22

あ

アクセス	81
委員会段階	22
移行審査	112
維持する	54
著しい環境側面	64, 65, 125
著しい環境側面の評価	65
意図した結果	50, 56, 99
意図した成果	27, 47, 60, 92
委任	56
インフラストラクチャ	71
運用基準	83
運用面の証拠	159
エコビジネス	15
エコマーク	30
エネルギーの循環	9
汚染の予防	24, 58
オゾン層破壊	17
重み付け評価方式	65, 125
温室効果ガス	17, 61

か

改善	99
改善の機会	99, 159
階層	69
階層間のコミュニケーション	76
概念	38, 48
外部委託する	84
外部監査	134, 139

索　引

外部コミュニケーション…………………75，76	環境目標の設定………………………………127
外部資源……………………………………………71	環境ラベル………………………………………30
外部の課題…………………………… 50，123	環境リスク………………………………………16
外部の課題の変化………………………………96	完結形質問…………………………………156，157
外部文書………………………………… 80，81	監査………………………………………… 92，138
海洋汚染…………………………………………17	監査依頼人……………………………………142
化学的酸素要求量………………………………87	監査員………………………………………142，154
確実にする……………………… 56，59，74	監査活動の準備………………………………136
革新………………………………………………99	監査基準………………………………………138，146
拡大審査…………………………………… 112	監査結論………………………………… 137，151，160
確立する…………………………………54，69	監査証拠………………………………………138，159
課題………………………………………………50	監査所見……………………………137，151，159，161
ガバナンス………………………………………44	監査チーム……………………………………147，149
環境……………………………………… 8，10，49	監査チームミーティング……………………159，160
環境影響…………………………… 49，64，100	監査チームリーダー…………………………147，162
環境影響評価………………………………… 125	監査チームリーダーの責任………………… 147
環境影響評価方法…………………………… 125	監査の原則……………………………………141
環境管理委員会……………………………… 118	監査の範囲……………………………………146
環境コスト………………………………………16	監査範囲…………………………………………94
環境状態…………………………………………50	監査標準…………………………………………94
環境情報…………………………………………75	監査プログラム………………………29，93，131，143
環境側面…………………………… 27，61，63	監査プログラム管理責任者………… 131，143，145
環境側面の決定……………………………63，64	監査プログラム管理責任者の責任………… 143
環境側面の特定…………………………… 124	監査プログラムの監視……………………… 144
環境パフォーマンス…………… 49，54，59，103	監査プログラムの策定……………………… 136
環境パフォーマンス監査………………… 138	監査プログラムの実施……………………… 144
環境パフォーマンス評価規格…………………25	監査プログラムの範囲……………………… 143
環境負荷…………………………………………42	監査プロセスの客観性……………… 94，140
環境方針………………………… 49，57，58，127	監査前会議…………………………………… 150
環境方針の設定…………………………… 127	監査メモ………………………………………155
環境保護……………………………………24，58	監視………………………………………70，87，88
環境マニュアル………………………78，128，152	監視機器…………………………………………89
環境マネジメントシステム………… 10，49，54	完全………………………………………………80
環境マネジメントシステム監査………29，138，140	完全性……………………………………………80
環境マネジメントシステムの計画………… 60	管理責任者……………………………… 59，118
環境マネジメントシステムの原則……………11	管理のサイクル…………………………………12
環境マネジメントシステムの変更………… 102	緩和…………………………………………… 100
環境マネジメントシステム文書……… 80，148	機会…………………………………………61，62
環境目標……………………………… 49，69，127	気候変動…………………………………………42
環境目標計画……………………………………70	技術上の選択肢…………………………………68
環境目標の確立…………………………………69	技術専門委員会…………………………………21

技術専門家	147
期待	51, 123
キックオフ宣言	119
キックオフ大会	145
機能	53, 69
機密性	80
機密性の喪失	80
機密保持	141
脅威	61, 62
教育	72, 73
教育訓練のニーズ	72
教育計画	122, 131
境界	52
共通テキスト	37
共通用語	38
記録	78
緊急事態	62, 85
緊急事態への対応	86
グリーン購入	15, 16
グリーンマーク	30
訓練	72, 73
計画	12, 45, 60
計画実行機能	118
計画面の証拠	159
継続的改善	54, 55, 58, 61, 103
権限	59
検索	81
検証	89
現状の処置	104, 164
現場監査	152
現場	152
恒久処置	104, 164
高潔さ	141
更新審査	112
校正	89
公正な報告	141
考慮に入れる	66
国際計量標準	89
国際標準化機構	20, 21
国家計量標準	89
コミットメント	44, 57, 74
コミュニケーション	75, 89
コミュニケーションの要求事項	77
コミュニティ	51
根本原因の究明	164

さ

サーベイランス審査	112
最終会議	137, 161
サイト	117
再認証審査	112
最良利用可能技法	68
作成段階	22
砂漠化	18
サプライヤー監査	29, 134, 139
産業環境管理協会	106
参照する	66
酸性雨	18
酸性度	87, 88
暫定処置	104, 164
サンプリングの仕方	153
サンプリング方式	153
サンプル	153
資源	56, 71
資源の提供	71
自己記載形チェックリスト	155
自己宣言	46
事実に基づく	75
システム	10
自然環境	8
持続可能性	42
持続可能な開発	42
実施	12, 45
実施する	54
実証する	55
質問のテクニック	158
指標	88
社会的責任	16
修正	100, 163
重大性評価方式	65, 125
縮小審査	112
取得費用	116

索 引

順守	90
順守監査	138
順守義務	51, 58, 62, 66, 74, 90, 124, 126, 127
順守義務の決定	66
順守義務の特定	124
順守義務の変化	96
順守義務の要求事項	67
順守状況	91
順守すると選んだ要求事項	66
順守評価	90, 146
順守評価のプロセス	91
順守評価の方法	91
上位構造	36, 37
照合段階	22
証拠に基づくアプローチ	141
仕様書	128
承認	79
承認段階	22
情報	78
情報収集	124, 152, 153
初回会議	137, 150
初回認証審査	111, 112, 133
初期環境レビュー	124, 125, 127
処置	12, 45
書類監査	152
審査	107
審査員研修機関	106
審査員評価登録機関	106
審査の種類	112
審査費用	110, 111, 121
人的資源	71
森林減少	17
推移図	87
推進計画	120, 130
推進計画機能	118
推進事務局機能	118
推進責任者	118
水平展開	101
製品評価規格	25, 26, 30, 31
生物学的酸素要求量	87
生物多様性	42

責任	59
是正処置	100, 101, 102, 104, 163
是正処置の責任	164
説明責任	55
戦略的方向性	56
層別する	153
遡及処置	104, 164
測定	87, 88
測定可能	69
測定機器	89
組織	59
組織が管理できる環境側面	63
組織機能的境界	52, 53
組織の管理下で行う人	72
組織の管理下で働く人々	74, 76
組織の状況	50, 57, 62, 123
組織の単位	53
組織の目的	50, 57
組織評価規格	25, 26

た

第1段階審査	111, 133
第一者監査	92, 134, 139
第三者監査	134, 139
第三者認証審査	29
第二者監査	29, 134, 139
第2段階審査	111, 133
妥当	95
妥当性	79, 103
炭素の循環	9
チェック	45
チェックリスト	155
地球温暖化	17
地球環境問題	16, 17, 18
提案制度	76
提案段階	22
定義	38, 48
定期審査	112
適合	159
適合性の検証	92, 140, 146
テキスト	35, 36, 37

適切	57, 75, 95
適切性	79, 103
適切な形式	79
適切な識別	79
適用可能性	52
適用範囲	47, 52
点数評価方式	125
伝達	70
統合マネジメントシステム	35, 46
登録証	108, 117, 133
特別審査	112
独立性	141
トップマネジメント	55
トップマネジメントの責任	55
取組みの計画	68

な

内部監査	92, 134, 136, 139, 140
内部監査員	131
内部監査規定	131, 145
内部監査計画書	149
内部監査実施年度計画	145
内部監査の開始	136
内部監査の計画	93
内部監査の作業文書	145
内部監査の頻度	93
内部監査の目的	92, 146
内部監査報告書	137, 162
内部コミュニケーション	75, 76
内部資源	71
内部の課題	50, 123
内部の課題の変化	96
内部文書	80
ニーズ	51, 123
日本工業標準調査会	20
日本適合性認定協会	106, 107
任意規格	24
認識	74
認証	27, 106, 107
認証機関	106, 108, 109, 110, 121
認証制度	106

認証/登録	108, 111, 114
認証/登録の基準	27
認証/登録範囲	117
認証/登録判定会議	111
認定	106, 107
認定機関	106
認定制度	106
認定・認証制度	106, 107
認定範囲	109

は

廃棄	81
廃棄物管理	42
廃棄文書	81
媒体	78
配布	81
発行段階	22
発展形質問	156, 157
パフォーマンス	99
被監査者	142, 154
非関税貿易障壁	24
必要な力量	72
評価	12, 87
標準形チェックリスト	155
微量元素の循環	9
フォローアップ	137
フォローアップ活動	164
フォローアップの対象	164
不順守	90
附属書SL	24, 34, 35, 36, 40, 46
物理的境界	52, 53
不適合	100, 159
不適合の性質	102
文書	78, 129
文書化した情報	78
文書化した情報の維持	53, 78
文書化した情報の管理	80, 81
文書化した情報の更新	79
文書化した情報の作成	79
文書化した情報の保護	80
文書化した情報の保持	73, 78

索 引

文書化した情報の要求事項…………………82
文書監査…………………………………… 152
文書管理台帳……………………………………81
文書作成日程計画表……………………… 129
文書レビュー………………… 133, 136, 148
分析…………………………………………………87
便益…………………………………………………74
変更の管理……………………………………81, 83
法的要求事項……………………………………66
法令規制………………………………………… 126
法令・規制要求事項……………………………53
保管…………………………………………………81
保持…………………………………………………81
母集団…………………………………………… 153
保存…………………………………………………81

ま

マネジメント……………………………………10
マネジメントシステム………………………10
マネジメントレビュー……………………95, 96
マネジメントレビューのアウトプット……97, 98
マネジメントレビューのインプット………96, 97
水の循環……………………………………………9
無機質的環境……………………………………8
面談……………………………………………… 154

や

野生生物種減少…………………………………18
有意数評価方式…………………………… 125
有益な影響………………………………………64
有害な影響………………………………………64
有害廃棄物越境移動……………………………18
有機質的環境……………………………………8
有効………………………………………………95
有効性………………………………… 73, 92, 103
有効性の改善……………………………………92
有効性の検証………………………92, 140, 146
有効性の評価…………………………………73, 88
有効な版…………………………………………81
ユーティリティ…………………………………71
用語………………………………………… 38, 48

用語及び定義……………………………………48
予備段階…………………………………………22
予防処置の概念…………………………………61

ら

ライフサイクル……………………………43, 63
ライフサイクルアセスメント………………25
ライフサイクルアセスメント規格…………25
ライフサイクルの視点………… 43, 47, 63, 84
リーダーシップ…………………………………55
利害関係者………………………… 51, 123, 139
力量……………………………………………72, 73
力量の証拠………………………………………73
力量を得る処置…………………………………73
リスク及び機会………………… 60, 61, 62
リスク評価方式………………………………… 125
稟議制度…………………………………………71
レビュー…………………………………………101

わ

枠組み……………………………………………57

［著者略歴］

大浜　庄司（おおはま　しょうじ）
1934年東京都生まれ

・オーエス総合技術研究所　所長
・審査登録機関
　　JIA－QAセンター主任審査員
・社団法人日本電機工業会
　　ISO9001主任講師
＜資格＞
・IRCA登録主任審査員（英国）
・JRCA登録主任審査員（日本）
・JRCA承認検証審査員

＜主な著書＞
・2015年改訂対応
　完全図解ISO9001の基礎知識140（日刊工業新聞社）
・これだけは知っておきたい
　完全図解ISO22000の基礎知識150（日刊工業新聞社）
・これだけは知っておきたい
　完全図解品質＆環境ISO内部監査の基礎知識120
　（日刊工業新聞社）
・ISO9001内部品質監査の実務知識早わかり
　ISO9001―2015年版準拠
　（オーム社）
・ISO9000品質マネジメントシステム構築の実務
　（オーム社）
・図解ISO14001実務入門（オーム社）
・マンガISO入門―品質・環境・監査―（オーム社）
・図解でわかるISO9001のすべて（日本実業出版社）
・図解でわかるISO14001のすべて（日本実業出版社）

2015年改訂対応　完全図解　ISO14001の基礎知識150

2016年10月30日　初版第1刷発行

©著　者　大浜　庄司
発行者　井水　治博
発行所　日刊工業新聞社　〒103-8548　東京都中央区日本橋小網町14-1
電話　03-5644-7490（書籍編集部）
　　　03-5644-7410（販売・管理部）
FAX　03-5644-7400
振替口座　00190-2-186076
URL http://pub.nikkan.co.jp/
e-mail　info@media.nikkan.co.jp
印刷・製本　新日本印刷
ISBN978-4-526-07616-9　C3034
NDC 509.6
カバーデザイン・志岐デザイン事務所
本文イラスト・奥崎たびと
2016 Printed in Japan

本書の無断複写は、著作権法上での例外を除き、禁じられています。
定価はカバーに表示してあります。
万一、乱丁や落丁などの不良品がございましたらお取り替えいたします。